Chuck Spezzano
Empathie und Hilfsbereitschaft

Verlag Via Nova

Chuck Spezzano

Empathie und Hilfsbereitschaft

Die heilenden Prinzipien
der Hochsensibilität

Verlag Via Nova

Übersetzung aus dem Englischen:
Ulrike Kraemer

Originaltitel:
The Healing of Supersensitives
Copyright © by Chuck Spezzano 2021

---

1. Auflage 2023
Verlag Via Nova, Alte Landstraße 12, 36100 Petersberg
Telefon: (06 61) 6 29 73
Fax: (06 61) 96 79 560
E-Mail: info@verlag-vianova.de
Internet: www.verlag-vianova.de
Umschlaggestaltung: Guter Punkt, München
Satz: Sebastian Carl, Amerang
Druck und Verarbeitung: C. H. Beck, 86720 Nördlingen

© Alle Rechte vorbehalten

ISBN 978-3-86616-522-9

Dr. Paul Colaizzi
Lehrer, Mentor und Freund

Vorbemerkung der Übersetzerin

Die englische Sprache unterscheidet in sehr vielen Fällen nicht zwischen männlichen und weiblichen Substantivformen. So ist mit „partner" beispielsweise immer sowohl der Partner als auch die Partnerin gemeint und mit „friend" sowohl der Freund als auch die Freundin. Um die Lesbarkeit des deutschen Textes zu bewahren und unnötig komplizierte Satzkonstruktionen zu vermeiden, wird in der deutschen Übersetzung bewusst darauf verzichtet, immer beide Substantivformen zu erwähnen, und in den meisten Fällen nur die generische männliche Form genannt. Trotzdem schließt der „Partner" natürlich auch immer die „Partnerin" und der „Freund" auch immer die „Freundin" ein.

Inhalt

Einführung 11

1 Wo deine Mutter dich im Stich gelassen hat 14
2 Projektion auf den Vater 21
3 Eltern, Partner und Kinder 26
4 Festhalten – der Energievampir 33
5 Wo dein Vater dich im Stich gelassen hat 37
6 Projektion auf die Mutter 40
7 Die Vergangenheit wiedergutmachen 43
8 Wenn du dich antreibst, um Dinge zu erledigen 47
9 Die Dunkelheit, in der du lebst 52
10 Der große Fehler 55
11 Dein Seelenmuster verstehen 57
12 Schamanische Prüfungen
    und Meisterschaftsprüfungen 60
13 Die Verletzung, die du nicht überwunden hast 64
14 Der Gral 69
15 Die Dinge, denen wir uns alle stellen müssen 73
16 Wenn du dich antreibst 75
17 Die Enttäuschung der Welt 78
18 Ich akzeptiere den Weg der Heilung 82
19 Der verhängnisvolle Fehler 84
20 Im Stadium der Einheit geboren 87
21 Fluch und Verfluchung 90
22 Mangelnder Selbstwert ist gleichbedeutend
    mit Schwelgen 94
23 Was Kommunikation verhindert 96

24	Der Altar der Wahrheit	100
25	Verantwortung übernehmen	102
26	Posttraumatische Belastungsstörung	107
27	Dich selbst einbringen	112
28	Kreuzigung	117
29	Sex	121
30	Wenn du erfolgreich bist	132
31	Wie du dein Licht wirklich leuchten lassen kannst	134
32	Wie ich es sehe	137
33	Radikale Akzeptanz	142
34	Schwelgen und Privilegierung	145
35	Die Hochzeitstorte	150
36	Kompensation und Burnout	152
37	Ärger und Desillusionierung	155
38	Die Bergkette des Ärgers	159
39	Einstimmung, Sühne und Ausrichtung	163
40	Unverwundbarkeit	166

Nachwort 170
Danksagung 173

Früher mochte ich meine Sensibilität nicht.
Ich glaubte, dass sie mich schwach macht.
Doch nimm diesen einen Charakterzug fort
und du nimmst den Wesenskern dessen fort,
der ich bin.
Du nimmst mein Gewissen fort,
meine Fähigkeit,
mich in andere Menschen einzufühlen,
meine Intuition,
meine Kreativität,
meine tiefe Wertschätzung für die kleinen Dinge,
mein zutiefst lebendiges Innenleben,
mein tiefes Bewusstsein für den Schmerz
anderer Menschen
und meine Leidenschaft für alle diese Dinge.

- Caitlin Japa (Internetfund)

Einführung

Warum Feinheit notwendig ist

Feinheit erhebt die Welt auf eine höhere Stufe. Die Geschichte bewegt sich in Zyklen der Feinheit und der Grobheit. Langsam entwickelt die Erde sich jedoch von der Grobheit einer Welt des Todes, in der ein kollektiver Glaube an den Tod herrscht, hin zur Feinheit einer HIMMLISCHEN Welt. Unsere Welt ist nach wie vor in dem kollektiven Glauben gefangen, dass wir nur ein Körper sind und sterben werden. Feinheit erkennt jedoch, dass es einen besseren Weg gibt. Sie weiß um die Macht, die Beziehungen innewohnt und die auch darin liegt, dass Menschen in einmütiger Absicht zusammenkommen, um dem gemeinsamen Wohl aller zu dienen. Feinheit birgt Anmut, Fluss und die Offenheit, die nötig ist, um Gnade zu empfangen. Hochsensible Menschen bringen diese Feinheit mit, um die Welt auf eine höhere Stufe zu heben, und letztendlich lässt Feinheit uns wissen, dass wir unbegrenzter, liebender, reiner Geist sind.

Das TAO, der HEILIGE GEIST oder die UNIVERSALE INSPIRATION – welchen Begriff du auch immer vorziehst – ist das ABSOLUTE, das außerhalb der Zeit und dennoch auch in der Welt der Dualität und der Zeit präsent ist. Seine Funktion ist es, das Bewusstsein zu erhöhen, die Evolution zu fördern und jede sich bietende Chance zu nutzen, um das gemeinsame Wohl zu verwirklichen. Das bedeutet, dass der HEILIGE GEIST unter anderem für die Auflösung des Irrglaubens der Schuld und ihrer zerstörerischen Kraft arbeitet. Ohne Schuld fallen Angriff und Selbstangriff fort und das Ego hat nichts mehr, worauf es das Prinzip der Trennung stützen kann. Jedes negative Ereignis kann entweder dazu dienen, Heilung zu erlangen, oder benutzt werden, um den Schmerz und die Trennung des Egos weiter zu verstärken. Hochsensible Menschen können mit ihrer natürlichen Feinheit an der Funktion der UNIVERSALEN INSPIRATION und an ihrem Ziel teilhaben, die Welt zu heilen und wieder zum EINSSEIN zu erwecken. Der HEILIGE GEIST ist ein Aspekt des EINSSEINS, der sowohl jenseits der Zeit als auch in ihr wirkt. Im EINSSEIN arbeitet er auch daran, Illusionen aufzulösen und zu heilen, die Schmerz und Trennung bringen. Es werden Helfer gebraucht. Hochsensible Menschen sind gleichsam die Hefe, die die Evolution beschleunigt. Menschen, die helfen wollen und sich der Hilfe verschrieben haben, werden dringend gebraucht, um der Erde einen leichten Übergang auf neue Ebenen zu ermöglichen. Hochsensible Menschen gehen von Natur aus einen Weg der Heilung und können zu Wunderwirkenden und Zeitsparern zum Wohl der Welt werden. Hochsensible Menschen können die Zeit verkürzen, wenn sie lernen, dass Zeit simultan und nicht linear ist, wie uns das Ego glauben machen will. Der lineare Verlauf der Zeit, den das Ego als kollektiven Glaubenssatz festgeschrieben hat, sorgt sowohl für die Schuld, die das Konzept einer Vergangenheit verstärkt, als auch für die Angst, die mit der Projektion der ungeheilten Vergangenheit auf die Zukunft einhergeht. Auf diese Weise vermeidet das Ego die Gegenwart. Das ist sein Plan, denn der Plan des HIMMELS ist das Erwachen, das einzig in der Freude der Gegenwart geschehen kann.

Wenn du die Hilferufe gehört hast, dann wegen des Mitgefühls, das deiner Hochsensibilität entspringt, und wegen des Verlangens, anderen Menschen zu helfen. Der HIMMEL braucht dich, um deinen Brüdern und Schwestern zu helfen, sich zu ihrem „besseren Selbst" zu entwickeln, bis jeder erkennen kann, dass er reiner Geist in der LIEBE ist, in der GOTT uns geschaffen hat, damit der HIMMEL auf Erden möglich wird.

1

Wo deine Mutter dich im Stich gelassen hat

Die Beziehung zu deiner Mutter ist ein zentrales Element, wenn es darum geht, eine erfolgreiche Partnerschaft im Leben zu führen und glücklich zu sein. Sie ist auch notwendig, damit du Liebe empfangen kannst, und sie spielt eine wichtige Rolle für deine Gesundheit. Der Wunsch nach einer guten Beziehung zu deiner Mutter lässt dich erkennen, was Selbstliebe ist, und hilft dir, dich gut mit Frauen zu verstehen. Eine gute Beziehung zu deiner Mutter fördert die Ebenbürtigkeit mit deinem Partner und auch dein eigenes geistiges Gleichgewicht. Ohne eine partnerschaftliche Beziehung zu deiner Mutter bist du in einer der drei großen Rollen des Lebens gefangen: der dissoziierten Unabhängigkeit, dem bedürftigen Opfer oder dem sich aufopfernden Märtyrer.

Um die Beziehung zu deiner Mutter zu verbessern, kannst du eine Liste erstellen, in der du notierst, wo deine Mutter dich deiner Meinung nach im Stich gelassen hat. Notiere auch die Dinge, von denen sie dir deiner Meinung nach nicht genug gegeben hat, und die Situationen, in denen sie dich deiner Meinung nach verletzt hat. Als Folge dieses Grolls und dieser Urteile hast du in irgendeinem Bereich deines Lebens wahrscheinlich Geschichten des Mangels in Gang gesetzt. Du hast sowohl sie als auch andere dunkle Geschichten benutzt, um unabhängig zu sein. Wenn du dich im Zusammenhang mit deiner Mutter an negative Dinge erinnern kannst, dann benutzt du diese dunklen Geschichten bis zu einem gewissen Grad auch heute noch im Umgang mit deinen Eltern und mit deinem Partner. Wenn du die Situation, die dich dazu gebracht hat, diese Geschichten zu schreiben, genau genug betrachtest, wirst du feststellen, dass das, was geschehen ist, eine Fehlwahrnehmung war, die du benutzt hast, um zu kontrollieren, unabhängig zu sein und deinen eigenen Weg zu gehen. Wenn du tief genug schaust, wirst du feststellen, dass in Wirklichkeit *du* die Dinge getan hast, für die du deine Mutter verurteilt hast. Das hatte zur Folge, dass du dein heiliges Versprechen, ihr zu helfen, nicht eingelöst hast. Ihr negatives Verhalten war eine Folge von Schmerz und Stress. Es geschah zu einem Zeitpunkt, an dem sie dich in Wirklichkeit gebraucht hat. Es war ihr Hilferuf und es gab – und gibt – einen Weg, sowohl ihr als auch dir selbst zu helfen. Noch bevor du in dieses Leben hineingeboren wurdest, hast du ein tiefes inneres Versprechen gegeben, deine Mutter vor sich selbst zu retten. Ihr Verhalten wurde zu deiner Ausrede dafür, nicht vortreten zu müssen, sondern vor der Gabe davonzulaufen, die du mitgebracht hast, um sie zu retten. Dabei handelt es sich um eine Gabe, die du zur Erfüllung deiner Lebensaufgabe brauchst. Stattdessen hast du deine Schuld und dein Verhalten auf deine Mutter projiziert und dein eigenes Handeln zum damaligen Zeitpunkt verleugnet. Wirklich zu sehen, was im Unterbewusstsein verborgen lag, und es ins Bewusstsein zu holen, ist ein enorm großer Schritt hin zu Reife und Verantwortung. Es ist das, was Vergebung leicht macht. Bei dem, was geschehen ist, ging es in Wirklichkeit um das, was du getan hast, und nicht um das, was sie getan hat. Die Erkenntnis, dass alles ein Missverständnis war, das nun berichtigt werden kann, kann euch beide befreien. Die Energie, die du zur Abwehr und Verleugnung eingesetzt hast, kann nun deinem Wohlbefinden dienen.

Der nächste Aspekt, dessen du dir bewusst sein solltest, ist die Erkenntnis, dass dein Groll, deine Schuldvorwürfe und dein Urteil nur deine eigene Schuld, deinen Selbstangriff und deine Versagensgefühle verbergen und dass dein Ego genau diese Eigenschaften benutzt, um dich festzuhalten. Du kannst erkennen, dass Schuld und Projektion zwar Fehler waren, wenn es darum geht, was du in diesem Leben lernen wolltest, dass es aber Lektionen sind, die du jetzt lernen kannst. Rufe dir ein Ereignis aus der Vergangenheit ins Gedächtnis und stelle dir die Frage, was du in Anbetracht dessen, was du jetzt weißt, anders machen würdest. Welche Seelengaben hast du für deine Mutter mitgebracht, um sie vor sich selbst zu retten? Wann hast du dich von deiner Mutter abgewandt und sie zu Unrecht beschuldigt, damit du das tun konntest, was du wolltest, weil du glaubtest, es würde dich glücklich machen? Haben Trennung, Unabhängigkeit und der Groll darüber, dass du gelitten hast, dich glücklich gemacht? Bist du jetzt glücklich?

Ein offenkundiges Ziel, das du mit den Schuldvorwürfen an deine Mutter verfolgt hast, bestand darin, ihre Autorität über dich zu verringern. In *Ein Kurs in Wundern* heißt es, dass der Autoritätskonflikt die Wurzel allen Übels ist. Es handelt sich dabei um den Autoritätskonflikt, der das Ego als letzte und oberste Autorität festschreiben soll. In jeder Situation, in der deine Mutter dich im Stich gelassen hat, hast du nicht auf das geachtet, was der HIMMEL dir angeboten hat. Du hast den Weg des HIMMELS zugunsten einer Illusion aufgegeben, die in dem Glauben bestand, ein Bedürfnis des Egos befriedigen zu können. Das hat jedoch nur zu Schmerz,

Desillusionierung und einem noch größeren Bedürfnis geführt. Die Folge war ein höheres Maß an Dissoziation, sodass du weniger empfangen konntest. Selbst das Bedürfnis des Egos, das dich dazu gebracht hat, vom Weg abzuweichen, war eine Illusion, die durch eine frühere Trennung entstanden ist. Ein Bedürfnis entsteht, wenn Trennung geschieht. Somit ist durch die Trennung von deiner Mutter ein weiteres Bedürfnis entstanden, das du erfüllen wolltest, für das du dich aber verurteilt hast, weil es sonst bereits erfüllt wäre. Trennung führt auch zu einem gespaltenen Bewusstsein.

Rufe dir die Situation ins Gedächtnis, in der die tiefste Trennung zwischen dir und deiner Mutter stattgefunden hat. Wie alt warst du? Schaue das Ereignis an, ohne es persönlich zu sehen. Es ist die Situation, die ihr durchlebt habt und in der sie deine Hilfe brauchte. Was, glaubtest du, würde passieren, wenn du zu einem höheren Maß an Nähe und Erfolg vorangehst, anstatt dich zu trennen? Wovor hattest du Angst, weil du glaubtest, nicht damit umgehen zu können? Hast du dich davor gefürchtet, mehr zu lieben, mehr zu fühlen, mehr Mitgefühl zu empfinden, den Mut zu haben, allen anderen Menschen näher zu sein? Dein Ego hat ganz sicher Angst vor diesen Dingen, denn sie bewirken, dass es sich auflöst. Du hast die Macht über dein Bewusstsein und musst nicht der Sklave deines Egos sein.

Als du deine Mutter zu Unrecht beschuldigt hast, sind neuer Schmerz, neue Bedürfnisse und neue Schuld entstanden. Du hast dein Herz durch Dissoziation abgeschnitten, die du benutzt hast, um mit dem Schmerz umzugehen. Dadurch ist auch ein Widerstand gegen Selbstliebe, Fülle und Empfangen entstanden. Du kannst jetzt die Gabe empfangen, die der HIMMEL in dieser schmerzvollen Zeit sowohl für dich als auch für deine Mutter bereitgehalten hat. Gleichzeitig kannst du die Gabe öffnen, die du mitgebracht hattest, um deiner Mutter zu helfen. Mache dir diese Gaben zu eigen und teile sie danach mit deiner Mutter. Du kannst jetzt den Weg des HIMMELS gehen, der damals für dich offenstand, bis du in der Gegenwart ankommst, und diese Gaben unterwegs mit allen Menschen teilen, denen du begegnest. Schaue vom Standpunkt der Gegenwart auf dein Leben zurück, nachdem du dich für den Weg des HIMMELS entschieden hast. Wie stellt sich dein Leben jetzt für dich dar und wie fühlt es sich an? Du kannst von diesem geheilten Ort aus auch in die Vergangenheit zurückkehren, den Weg des HIMMELS bis zum Zeitpunkt deiner Empfängnis gehen und die Gaben dort mit deinen Eltern teilen.

Erstelle nun eine Liste der Dinge, vor denen du dich gefürchtet hast und die dich deshalb daran gehindert haben, den nächsten Schritt mit deiner Mutter zu gehen. Mache dir bewusst, dass das, was du ursprünglich für einen Angriff oder ein Versagen deiner Mutter gehalten hast, in Wirklichkeit ihr Hilferuf war. Diese Erkenntnis erlaubt es dir, den Angriff und den Selbstangriff von der Angst davor zu trennen, nicht zur nächsthöheren Ebene der Nähe vorangelangen zu können. Das macht es leichter, deine Angst zu spüren und ihr zu den grundlegenden Glaubenssätzen über dich selbst zu folgen, die deine Angst erzeugt haben. Es könnte sein, dass du tatsächlich eine Konstellation negativer Glaubenssätze über dich selbst entdeckst. Sie schwimmen wie Inseln auf dem MEER DER LIEBE. Es sind Akte der Trennung, die ein Teil deines Autoritätskonflikts mit deiner Mutter, mit anderen Menschen und mit dem HIMMEL waren. Du glaubtest, du könntest deinen eigenen Willen durchsetzen und deinen eigenen Weg gehen. Damit du dich lösen konntest, musstest du leiden. GOTT könnte Leiden niemals billigen, denn ER ist LIEBE, BARMHERZIGKEIT und MITGEFÜHL. Statt negative Glaubenssätze zu benutzen, um dich vom HIMMEL und seinem EINSSEIN zu trennen, kannst du dich dafür entscheiden, diese Inseln aus Ego, Trennung und Glaubenssätzen als die Illusionen, die sie sind, schmelzen zu lassen und wieder im OZEAN DER LIEBE zu versenken.

Du kannst diese heilenden Übungen mit den drei Ereignissen durchführen, die in der Beziehung zu deiner Mutter die größten Herzensbrüche verursacht haben. Auf diese Weise gewinnst du einen großen Teil deines Lebens zurück und kannst wieder in höherem Maße empfangen. Darüber hinaus öffnet es dich für ein höheres Maß an Mitgefühl, Fürsorge und inniger Liebe. Es kann nicht nur in der Beziehung zu deinem Partner und deinen Kindern eine Veränderung bewirken, sondern auch für deinen Selbstwert und das Maß an Gnade, das du dir zu empfangen erlaubst.

Wir sind aus dem EINSSEIN – oder aus dem HIMMEL – herausgefallen oder glaubten, es getan zu haben. Da wir den WILLEN GOTTES aber nicht ändern oder ihm zuwiderhandeln können, um Trennung zu erzeugen, sind wir nicht aus dem HIMMEL herausgefallen, sondern haben nur geträumt, es getan zu haben. Das hat Buddha bei seinem Erwachen zu der Aussage bewogen, alles sei ein Traum, den sein Geist geschaffen habe. Wir alle haben uns immer wieder vom Licht abgewandt und uns eingebildet, dass wir viele hundert Male gefallen sind. Wir haben jedes Mal gelitten und eine dunkle Nacht der Seele durchlebt. Du kannst dir jetzt vorstellen, dass du zu dem Punkt zurückkehrst, an dem du dich vom Licht abgewandt hast, zu dem Punkt, der das Muster für die Herzensbrüche mit deiner Mutter festgelegt hat. Dies findet im astralen Stadium beziehungsweise im Stadium der Wiederherstellung statt, das in unserer Entwicklung für den

Bereich des Unbewussten steht, in dem wir grundlegende Fehlentscheidungen rückgängig machen können, die wir im Autoritätskonflikt mit unserer Mutter und mit dem Himmel getroffen haben. Die Heilung dieser tiefen Ebene unseres Bewusstseins richtet uns auf den Willen Gottes aus und lässt uns auf den Weg zum Himmel zurückgelangen.

Bitte den Himmel um Hilfe und darum, ins Licht zurückgeführt zu werden. Wie groß ist der Bewusstseinsanteil, den du dadurch zurückgewinnst? Welche erlösende Seelengabe erwartet dich, die nun akzeptiert werden kann? Bist du bereit, diese Gabe nicht nur mit deiner Mutter, sondern mit allen Menschen zu teilen?

2

Projektion auf den Vater

Wir sehen alles in der Welt durch die Augen unserer Wahrnehmung. Unsere Wahrnehmung ist davon abhängig, wie wir unsere Erfahrung auf der Grundlage unserer Glaubenssätze definieren und verstehen. Sie ergibt sich aus dem, was als Folge früherer Erfahrungen eingebettet wurde, und aus unseren Wünschen. Alles, was wir in der Welt sehen, ist unsere Projektion. Unsere Projektionen sind Selbstanteile, die wir verurteilt, abgespalten, vergraben und anschließend nach außen projiziert haben. Diese Projektion wird zu unserer Wahrnehmung. Unser Vater und unsere Mutter spiegeln demzufolge unsere aus vergangenen Leben projizierten Selbstkonzepte wider. Es sind Selbstkonzepte, die wir jetzt heilen, vergeben und integrieren wollen. Gleichzeitig wollen wir die Gaben empfangen, die unsere Eltern verkörpert haben, und uns auch die inneren Gaben zu eigen machen, die wir mitgebracht haben, um ihnen und uns selbst zu helfen. Unsere Eltern spiegeln unsere Selbstkonzepte und Erfahrungen aus der Vergangenheit wider, die wir verurteilt und verworfen haben, weil wir die damit verbundene Angst und Schuld nicht spüren wollten.

Unser Vater und unsere Beziehung zu ihm stehen für unsere Beziehung zu Geld und Erfolg. Dies ist in der Regel die männliche Seite unseres Bewusstseins. Unser Vater zeigt uns, welche Lektionen wir in diesen Bereichen lernen wollen.

Wenn du ein Mann bist, vermittelt dein Vater dir dein Selbstverständnis, und wenn du eine Frau bist, vermittelt er dir dein Verständnis für Beziehungen und das andere Geschlecht. Die Welt ist ein großer Spiegel und jedes Mal, wenn wir einem Menschen oder einer Sache vergeben, vergeben wir uns selbst und die Welt wächst zusammen und wird wohlmeinender, sodass wir ganz mühelos und natürlich den nächsten Schritt gehen können.

Unser Vater steht für vergangene Leben, in denen wir so gehandelt haben, wie er es in diesem Leben tut. Wenn du es wüsstest, wie viele Leben waren es dann? Zu irgendeinem Zeitpunkt hast du dich für dein Verhalten verurteilt, es abgespalten und projiziert. Auf einer Seelenebene hast du bereits vor diesem Leben entschieden, dass die Integration dieses Verhaltens in hohem Maße dazu beitragen würde, deine Ganzheit zurückzugewinnen. Wo du deinen Vater nicht akzeptiert hast, dort steckt deine Beziehung fest und dort steckst auch du fest, wenn es um Geld und Erfolg geht. Auf einer unbewussten Ebene handelt es sich dabei um Selbstaspekte, die du nicht akzeptiert hast und die von deinem Vater zum Ausdruck gebracht werden. Es sind Eigenschaften, vor denen du entweder Angst hast oder für die du dich selbst verurteilst. Du fühlst dich schuldig und bestrafst dich wegen dieser Selbstkonzepte und das hat zur Folge, dass du dich von deinem Vater und von anderen Menschen entfernst. Wenn du deinen Vater akzeptierst und ihm vergibst, akzeptierst du dich selbst und vergibst dir selbst und diese Anteile werden ganz natürlich zu neuer Ganzheit und neuem Frieden integriert. Das stärkt dein Selbstbild und lässt dein Selbstvertrauen und deine Unschuld wachsen. Außerdem hilft es deinem Vater und bringt deine eigene Beziehung zu Geld und Erfolg voran.

Es gibt eine sehr wirkungsvolle Übung, um die Beziehung zu deinem Vater auf eine neue Ebene zu bringen. Notiere drei bis fünf Eigenschaften, die dich an deinem Vater gestört haben. Denke nun über jede dieser Eigenschaften einzeln nach. Jede Eigenschaft ist eine Projektion. Ziehe die Projektion zurück, bis du sie als einen Teil von dir erkennen kannst. Wenn du eine Projektion zurückziehst, kann sie zwei unterschiedliche Formen annehmen. Die erste Form besteht in der Erkenntnis, dass du genauso handelst wie er. Die zweite Form besteht in der Erkenntnis, dass du diese Eigenschaft kompensiert und genau entgegengesetzt gehandelt hast. Du glaubst, dass du „das" niemals tun würdest. Eher würdest du sterben. Wie kann jemand es wagen zu behaupten, dass du genau das tust, was dein Vater tut? Diese Reaktion zeigt, dass du eine „gute" Rolle ausagiert hast, die, ganz gleich wie gut du sie spielst, kein echtes Empfangen zulässt. Das „gute" Verhalten ist Aufopferung, weil es weder gibt noch empfängt. Es ist ein Abwehrmechanismus, der die Eigenschaft verbergen soll, die du leugnest, und die Rolle erlaubt dir, überlegen aufzutreten.

Dies sind wichtige Erkenntnisse, denn bei Rollen geht es um das, was du tun zu müssen glaubst, und nicht um eine authentische Entscheidung, etwas zu tun. Rollen führen zu Leblosigkeit und Burnout. Wenn du die Projektion heilst, dann wird die Rolle zu etwas, das zu tun du dich entscheidest oder das du tun willst. Das lässt sowohl Geben als auch Empfangen zu. Wenn du die Projektion zurückziehst, erkennst du, dass du sie ausagiert und gleichzeitig kompensiert hast. Der nächste Schritt ist die Entscheidung, dich für diese Eigenschaft nicht zu verurteilen. Wenn du sie verurteilst, kannst du dich nicht von ihr befreien, denn Schuld ist ein emotionaler Superkleber. Entscheide im nächsten Schritt, ob du deinem Vater helfen oder euch beide foltern willst. Wenn du dich dafür entscheidest, deinem Vater zu helfen, befreie die Selbstanteile, die du gefoltert hast, aus deiner unterbewussten Folterkammer und stelle dir vor, dass du auch die Selbstanteile deines Vaters aus der Folterkammer befreist. Stelle dir vor, dass du diese gefolterten Selbstanteile umarmst, bis sie zu neuer Ganzheit für dich und deinen Vater verschmelzen. Stelle dir dann vor, dass du deinen Vater umarmst und ihm hilfst, statt über ihn zu urteilen.

Frage dich im zweiten Teil der Übung, in wie vielen vergangenen Leben du genau wie dein Vater warst. In welchem Land hast du das zentrale Leben gelebt, in dem du genau wie dein Vater warst? Was kommt dir in den Sinn, wenn du dir diese Fragen stellst? Warst du ein Mann oder eine Frau? Was ist in diesem vergangenen Leben geschehen, das dich dazu gebracht hat, über dich selbst zu urteilen? Wie ist dieses vergangene Leben verlaufen? Wie wirkt es sich jetzt, in diesem Leben, auf dich aus? Welche wahre Seelenlektion wolltest du in diesem vergangenen Leben anstelle der dunklen Lektion lernen, die du gelernt hast? Welche Seelengabe hast du in dieses vergangene Leben mitgebracht, um diese Lektion mühelos zu lernen und glücklich zu sein? Welche Gabe hält der HIMMEL für dich bereit, um die Lektion mühelos zu lernen und glücklich zu sein? Öffne die Gabe, die du in das damalige Leben mitgebracht hast, und empfange auch die Gabe des HIMMELS. Gehe anschließend durch das damalige Leben und teile diese Gaben mit allen Menschen und allen Dingen, denen du begegnest. Wie entwickelt dieses Leben sich jetzt?

Bringe diese Gaben und die Lektion, die du gelernt hast, durch alle Leben mit, bis du in diesem Leben und in der Gegenwart angekommen bist. Teile die Energie mit allen

Menschen in deinem Leben, vor allem aber mit deinem Vater. Wiederhole diese Übung anschließend mit der nächsten Eigenschaft, die du auf ihn projiziert hast.

Eine dritte Möglichkeit besteht darin, die Distanz zwischen dir und deinem Vater sowie zwischen dir und deinem Erfolg zu heilen. Diese Distanz besteht aus Emotionen. Fühle diese Emotionen, eine nach der anderen, bis sie sich auflösen und du dich auf einer ganz neuen Ebene der Verbundenheit endlich von Geist zu Geist mit deinem Vater verbinden kannst. Du kannst diese Übungen von Zeit zu Zeit wiederholen, um immer mehr Schichten zu heilen und sowohl deinem Vater immer näher zu kommen als auch dem Erfolg, den du in diesem Leben angestrebt hast.

3

Eltern, Partner und Kinder

Wir sind nicht rein zufällig in unsere Ursprungsfamilie hineingeboren worden. Unsere Eltern waren die perfekten Eltern für die Lektionen, die wir jetzt und hier lernen wollten. Sie sind ein grundlegendes Bindeglied unserer Entwicklung, so sehr wir uns von ihnen auch verleugnet gefühlt haben und sie unsererseits verleugnen wollen oder verleugnet haben. Wir haben in einigen vergangenen Leben genauso gehandelt, wie unsere Eltern und unsere Geschwister es jetzt tun. Dieses Leben bietet uns eine weitere Gelegenheit, sowohl im Hinblick auf sie als auch im Hinblick auf uns selbst den richtigen Weg zu finden. Jeder nahe Angehörige steht für einen wichtigen Anteil unserer Seele, den wir verurteilt und abgespalten haben. Nun sind wir hier, um zu vergeben, uns zu verbinden und diese wichtigen Anteile zu integrieren, die viel mit unserer Lebensaufgabe und unserer Bestimmung zu tun haben.

Wir haben Gaben mitgebracht, die dazu beitragen sollen, unsere Familie zu retten. Wir haben Gaben für jede Situation vorgesehen und mitgebracht, in der unsere Familie sich von ihrer schlechtesten Seite zeigt. Wenn wir unsere mitgebrachten Seelengaben nicht teilen und die erlösenden Gaben des HIMMELS für jede diese leiderfüllten Situationen nicht empfangen, ist unser Leben jedoch von anhaltendem Schmerz, Schuld und Angst geprägt. Wenn wir die Gaben mit unserer Familie teilen, können wir auf dem Weg des HIMMELS durch unser Leben gehen. Anderenfalls deuten wir die Hilferufe unserer Familie falsch und fühlen uns als Opfer, wenn ein Familienmitglied ausagiert. Wir haben das, was unsere Familie braucht. Wir können sie retten und unser Licht leuchten lassen oder wir können zum Opfer werden und ein Ereignis benutzen, um unabhängig zu sein und Selbstkonzepte zu erschaffen, die uns von der Liebe, der Fülle und unseren Gaben trennen. Wir geben unseren Eltern die Schuld an unseren schmerzhaften Fehltritten, fühlen uns insgeheim aber schuldig dafür, dass wir sie nicht gerettet haben, als wir es hätten tun können. Wir hielten sie für ungerecht, weil wir von ihnen zum „Opfer" gemacht wurden, aber wir haben unser Versprechen, sie zu retten, nicht erfüllt. Wir waren ungerecht und treulos gegen uns selbst, unsere Eltern und den HIMMEL. Wir hätten unser Licht leuchten lassen und das Ereignis mit Licht erfüllen können, haben es stattdessen aber als Ausrede benutzt, um uns zu verstecken, uns zu trennen und unabhängig zu sein.

Das, was unsere Eltern getan oder unterlassen haben, mag uns vielleicht das Gefühl vermittelt haben, alleingelassen worden zu sein, aber dieses Gefühl kann sich unabhängig vom Verhalten unserer Eltern immer erst dann einstellen, *wenn wir uns von ihnen trennen und sie alleinlassen.* Das, was unsere Eltern infolge ihres eigenen Schmerzes gesagt, getan oder ausagiert haben, mag uns vielleicht das Gefühl vermittelt haben, ungewollt zu sein, aber dieses Gefühl ist erst entstanden, *als wir die Entscheidung getroffen haben, dass wir sie nicht wollen.* Wir haben diese grundlegenden Ereignisse benutzt, um ein bestimmtes Ziel zu erreichen. Wofür hast du sie benutzt? Wir haben das, was unsere Eltern durchgemacht haben, persönlich genommen, so als sei es dabei ausschließlich um uns gegangen. Anschließend kompensieren wir entweder oder wir handeln in Beziehungen genauso mit der Folge, dass unser Leben von Selbstsabotage und dunklen Glaubenssätzen geprägt ist. Welche Gaben verbergen sich unter dem Schmerz und den negativen Geschichten, vor denen du dich gefürchtet und die du verleugnet hast? Ein Blick ins Unterbewusstsein zeigt, dass sich unsere Wahrnehmung und damit auch unsere Beziehung zu unseren Eltern, unserem Partner oder früheren Partnern so entwickelt haben, wie wir es gewollt haben. Auf einer bestimmten Ebene haben wir über sie geurteilt, überlegen getan und damit ihnen, uns selbst und GOTT einen Mangel an Wert zugewiesen. Das lässt uns glauben, dass wir schuldig sind. Wir können einen anderen Menschen aber nur durch eine von unserem Ego geschaffene Illusion seines Wertes berauben. Was unmöglich ist, hat in Wirklichkeit keine Wirkung – außer in unserer Angst und unserer Schuld, und auch diese Dinge sind eine Illusion, die geheilt werden kann.

Führe einmal die folgende einfache Übung durch. Es gibt drei Haltungen, die du gegenüber deinen Eltern, deinem Partner oder einem früheren Partner einnehmen kannst:

1. Ich hatte schreckliche Eltern. Sie haben mich verletzt und zum Opfer gemacht.
2. Meine Eltern haben ein sehr trauriges Beispiel abgegeben. Sie tun mir leid.
3. Meine Eltern haben das Beste gegeben, dessen sie angesichts ihrer Erziehung und ihrer eigenen Erfahrungen im Leben fähig waren. Ich bin dankbar für die Zeit, die ich mit ihnen verbringen durfte.

Wenn wir die erste Haltung einnehmen, fühlen wir uns als Opfer. Wenn wir die zweite Haltung einnehmen, tun wir uns selbst leid. Bei beiden Haltungen glauben wir, den Erwartungen unserer Eltern nicht gerecht geworden zu sein, und übertragen erlittene Verletzungen auch auf unseren Partner. Das führt zu Stress und zu selbstsabotierenden Mustern. Es zeigt auch, dass es zwischen den ersten beiden Haltungen einen Zusammenhang gibt. Die Ursache für unseren Stress und unsere alten Emotionen liegt darin, dass *wir geglaubt haben, unsere Eltern seien unseren Erwartungen und unseren Regeln nicht gerecht geworden. Die Haltung, für die wir uns entschieden haben, war bestimmend dafür, wie wir unsere Eltern erlebt haben.*

Wenn wir unsere Eltern aus der dritten Haltung heraus betrachten, haben wir eine gute Einstellung zu ihnen und auch zu uns selbst. Die gute Nachricht lautet, dass wir *jederzeit* die Verantwortung für unsere Erfahrung übernehmen können, und das ermächtigt uns. Wir können die Einstellung, die wir zu unseren Eltern und damit auch zu uns selbst haben, verändern, indem wir uns für die dritte Haltung entscheiden. Sie befreit uns von vielen Erwartungen und einem hohen Maß an Stress und altem Schmerz. Die gleiche Haltung können wir auch gegenüber unserem Partner oder gegenüber früheren Partnern einnehmen. Für welche Haltung entscheidest du dich mit dem Wissen, das du jetzt hast? Deine Einstellung kann dich deinen Eltern näherbringen. Sie kann dich dir selbst, dem Leben und dem Glück näherbringen.

Die Haltung, die wir gegenüber unseren Eltern einnehmen, übertragen wir fast immer auch auf unseren Partner. In dem Maße, in dem wir unseren Eltern misstraut haben, misstrauen wir unserem Partner. Außerdem versuchen wir, von ihm das zu bekommen, was wir von unseren Eltern nicht bekommen haben. Ein Blick ins Unterbewusstsein zeigt, dass unsere Lektion darin bestanden hat, unseren Eltern genau die Dinge zu geben, die wir von ihnen haben wollten und zu brauchen glaubten. Wenn wir erkennen, dass wir genau die Gaben in uns tragen, die wir von unseren Eltern bekommen wollten, und sie mit ihnen teilen, können wir sie mit allen Menschen teilen. Dieser Lernprozess gehört zu unserer Lebensaufgabe. Was wir bei unseren Eltern nicht gelernt haben, übertragen wir auf unseren Partner und unsere Kinder. Außerdem rächen wir uns an unseren Kindern und an unserem Partner für das Gefühl, von unseren Eltern zum Opfer gemacht worden zu sein. Das heißt, dass wir bei unserem Partner und unseren Kindern die Wahl haben: sie zum Opfer zu machen oder von ihnen – meist in ähnlicher Weise wie bei unseren Eltern – zum Opfer gemacht zu werden oder sie aufgrund unserer Angst zu kontrollieren. Manchmal kommt es bei unseren Eltern auch zu einem Rückzug, den wir niemals überwinden.

Wir können uns auch für die dritte Haltung entscheiden. Dann erkennen wir, dass wir sowohl die idealen Eltern als auch den idealen Partner haben, um die Lebenslektionen zu lernen, die wir lernen wollten. Unsere Erfahrungen sind eine Folge unseres eigenen Verhaltens und unserer Antwort auf das Verhalten unserer Eltern und unseres Partners.

Dieses Muster findet sich auch in unserer Beziehung zu unseren Kindern wieder. Dann verhalten sich unsere Kinder uns gegenüber in der Regel so wie unsere Eltern oder wir verhalten uns unseren Kindern gegenüber so wie unsere Eltern. Möglicherweise versuchen wir auch, sie und uns selbst zu kontrollieren, um zu verhindern, dass sich die Vergangenheit wiederholt. Dadurch wird das Muster jedoch lediglich am Leben erhalten und verstärkt, weil wir nicht auf die konkrete Situation eingehen. Dann stellen wir fest, dass wir manchmal reden wie unsere Mutter oder handeln wie unser Vater. Normalerweise tritt zwar in jeder Generation eine Verbesserung ein, aber es kann auch passieren, dass Themen, die von unseren Eltern oder auf einer Ahnenebene weitergegeben wurden, verstärkt werden.

Wir sind hier, um Heilung zu erlangen, damit wir unseren Partner bis zur Erleuchtung lieben und unseren Kindern eine gute Basis dafür bieten können, glücklich zu sein und ihre Lebensaufgabe zu erfüllen, indem sie der sind, der sie sein wollten, und das tun, was sie tun wollten.

Wenn ein hochsensibler Mensch diese Lektion nicht lernt, kann sich das auf sein ganzes Leben auswirken und er benutzt seine Eltern als Ausrede, statt sie freudig an seinen Seelenlektionen und an seiner Lebensaufgabe teilhaben zu lassen.

Das Ego benutzt viele Dinge, um einen hochsensiblen Menschen vom Weg abzubringen, damit er nicht in Erscheinung tritt oder sein Licht nicht mit voller Kraft leuchten lässt. Es tut alles, was in seiner Macht steht, um hochsensible Menschen daran zu hindern, ihren Beitrag für die Familie und für die Welt zu leisten.

Ein Blick ins Unterbewusstsein zeigt, dass jedes Opferereignis eine heimlich verabredete Fehlschöpfung ist, die im Interesse des Egos und nicht im Interesse von Wahrheit, Liebe und Freude eingesetzt wird. Wir täuschen uns selbst und investieren in Kleinheit und das hat zur Folge, dass wir uns nicht zu unserer Verantwortung, unserer Macht und unserer Größe bekennen. Ein hochsensibler Mensch ist dazu bestimmt, in der Erfüllung seiner Lebensaufgabe und seiner Bestimmung den Weg zu weisen. Er ist gekommen, um sich an seine Größe zu wagen, und er bringt der Welt neue Gaben und erstaunliche Segnungen. Wenn wir keine Heilung erlangen, werden wir von unserem falschen Verstehen, Groll und Urteilen beherrscht. Wir sind nicht gekommen, um uns vom Ego benutzen zu lassen. Wir sind gekommen, um selbst Heilung zu erlangen und damit andere Menschen in ihrer Heilung zu unterstützen.

Die meisten Menschen haben keine Angst vor ihrem Ego, dafür aber vor der Liebe. Das Ego ist das Gegenteil von Liebe. Es will uns beherrschen und zu seinem Sklaven machen. Die Liebe könnte uns die Herrschaft über unser Leben zurückgeben und wir könnten die Ebenbürtigkeit und Verbundenheit mit allen Menschen in unserem Umfeld wertschätzen. Die Bedeutung, die der Beziehung zu unseren Eltern und unserer Familie zukommt, setzt sich auf tieferen Ebenen bei unserem Partner und unseren Kindern fort. Diese Beziehungen sind heilig, denn sie zeigen uns unsere Beziehung nicht nur zu uns selbst, sondern auch zu GOTT. Hochsensiblen Menschen ist es bestimmt, ihr Licht im Namen der LIEBE leuchten zu lassen.

4

Festhalten – der Energievampir

Der größte Fehler, den wir in unserem Leben machen, besteht darin, das Glück in äußeren Dingen zu suchen. Wir brauchen etwas außerhalb von uns, das unser Leben besser machen, uns retten oder uns sogar glücklich machen soll. Dieses Bedürfnis geht sogar so weit, dass wir einen anderen Menschen, eine Sache, eine Situation oder eine Qualität entweder zu einem Götzen machen, den wir anbeten können, oder zu einem Gegenstand, den wir benutzen können. In *Ein Kurs in Wundern* heißt es, dass wir das einzige Bedürfnis, das wir in dieser Welt wirklich haben, tatsächlich bereits in uns tragen und dass es das Bedürfnis nach GOTT ist. Trotzdem schaffen wir weltliche Anhaftungen und machen uns selbst und andere Menschen zu Geiseln unseres Bedürfnisses. Wir können eine wahre Beziehung durch Anhaftung in etwas verwandeln, das unwahr ist. Anhaftungen binden unsere Erfahrung an unser Bedürfnis und beschränken unsere Freiheit und die Freiheit des Menschen, dem wir verhaftet sind. Unsere Liebe befreit den anderen dagegen, denn wir benutzen ihn nicht, um unsere Bedürfnisse zu erfüllen. Wir glauben gerne, dass unser Festhalten aus Liebe geschieht, aber das stimmt nicht. Festhalten ist eine Form des Nehmens, die leicht zu Verlust und Herzensbruch führen kann. Wir erkennen nicht, dass wir durch unser Festhalten zu einem Energievampir geworden sind, weil wir versuchen, von einem anderen Menschen zu nehmen. Damit machen wir ihn und uns selbst zu einem Objekt und verhindern so Nähe und Freude. Liebe ist Geben und Empfangen. Sie teilt mit einem anderen Menschen und wendet sich ihm zu. Liebe bedeutet, dass wir uns für einen anderen Menschen öffnen und uns mit ihm verbinden. Sie segnet ihn und will das Beste für ihn. Sie benutzt einen anderen Menschen nicht, um uns zurückzuhalten. Anhaftungen stehen Partnerschaft und Empfangen im Weg. Wenn wir loslassen, werden wir sowohl im Empfangen als auch in der Wahrheit einen Schritt vorangebracht.

Das Prinzip des Loslassens besagt, dass, wenn wir etwas loslassen, immer etwas Besseres kommt, um seinen Platz einzunehmen. So kehrt vielleicht ein Mensch, den wir loslassen, auf einer völlig neuen Ebene zu uns zurück oder es kommt jemand anderer, um den Platz des früheren Partners auf einer neuen Ebene einzunehmen. Nur wenn wir loslassen, kann eine Neugeburt in unserem Leben stattfinden.

Loslassen ist eine grundlegende Lektion, die hochsensible Menschen lernen müssen, weil ihre romantische Veranlagung sonst rasch dazu führen kann, dass sie Festhalten mit Liebe verwechseln. Unsere Anhaftungen fesseln uns an die Welt. Festhalten ist in Wirklichkeit ein Kampf gegen GOTT, der alles ist, was wir ureigentlich brauchen, und alles, was man sich wünschen kann. Das Gefühl von Verlust, das wir am Ende einer Beziehung empfinden, zeigt, wie sehr wir dem Menschen verhaftet waren, an dem wir festgehalten haben, und nicht, wie sehr wir ihn geliebt haben. Unsere Anhaftungen sind unsere Bedürfnisse. Wir wollen sie loslassen. Wir wollen vertrauen, ein Risiko wagen und den nächsten Schritt gehen. Wir wollen den Versuch zu nehmen in Geben verwandeln, weil Geben uns erfüllt und nicht von einem anderen Menschen abhängig ist, sodass wir zur wechselseitigen Abhängigkeit gelangen. Loslassen befreit uns und stärkt unsere Anziehungskraft. Wir wollen GOTT in unseren Beziehungen willkommen heißen. Unsere Urteile, unser Festhalten und unsere Einsamkeit zeigen, wo wir bedürftig waren, nehmen wollten und versucht haben, unseren Partner zu einem Objekt zu machen. Festhalten verheißt eine düstere Zukunft. Wir können sie umkehren, indem wir geben und segnen.

Alle Dinge aus der Vergangenheit, an denen wir festhalten, sind Orte, an denen wir versuchen, etwas von einem anderen Menschen zu bekommen. Wir sind ein Energievampir, auch wenn wir vielleicht alle erdenklichen Seifenopfern und romantischen Geschichten darüber geschrieben haben, dass wir zum Opfer gemacht und misshandelt wurden. Auf einer unterbewussten Ebene haben wir zu nehmen versucht, denn sonst hätten wir nicht verletzt werden können. Wir können nur dann verletzt werden, wenn man uns unserer Anhaftungen beraubt, und diese Anhaftungen sind eine Form des Nehmens. Wir wollen unsere Fehler verstehen und berichtigen. Wir wollen die Vergangenheit segnen und uns nur die glücklichen Dinge aus der Vergangenheit anbieten. Wir können Bedürfnisse nicht aus der Vergangenheit heraus erfüllen, denn die Vergangenheit ist vorbei, aber wir können Erfüllung in der Gegenwart finden, indem wir geben, was wir bekommen wollten, oder indem wir den HIMMEL in unseren Geist einladen. Eine grundlegende Lektion der Reife besteht darin, dass wir geben und empfangen, statt zu nehmen, und dass wir nicht auf die Rache sinnen, die ein Herzensbruch uns ermöglicht. Wenn wir nicht loslassen, leben wir in der Vergangenheit, die nur eine Erinnerung ist, und eine ungenaue Erinnerung noch dazu. Was wir für unsere große Romanze gehalten haben, war reine Fantasie. Lege alle bedürftig-abhängigen Selbstkonzepte, die nach äußeren Götzen suchen, auf den A<small>LTAR DER</small> W<small>AHRHEIT</small>. Lege ebenso alle Energievampire, Anhaftungen und Orte, an denen du festhältst, mit wundergesinnter Vergebung auf den A<small>LTAR DER</small> W<small>AHRHEIT</small>. Das wirft ein Licht auf sie, das alles auslöscht, was Illusion ist. Energievampire und Depression bilden einen Teufelskreis. Du kannst dich von ihnen befreien, indem du sie auf den A<small>LTAR DER</small> W<small>AHRHEIT</small> legst.

5

Wo dein Vater dich im Stich gelassen hat

Rufe dir die Zeiten in Erinnerung, in denen du das Gefühl hattest, von deinem Vater im Stich gelassen worden zu sein. Was waren es für Zeiten? Auf welche Weise hat dein Vater dich im Stich gelassen? Es sind Orte, an denen ihr beide euch gleichermaßen schuldig gefühlt habt und immer noch fühlt. Das kannst du nun ändern. Ein Blick ins Unterbewusstsein zeigt, dass du dort, wo du glaubtest, er habe dich im Stich gelassen, *in Wirklichkeit ihn im Stich gelassen hast*. Statt die Gaben, die du mitgebracht hast, einzusetzen, um deinem Vater zur Seite zu stehen, hast du dich abgewandt, damit du unabhängig sein konntest, und das wahrgenommene Gefühl, dass er dich im Stich gelassen hat, als einen Vorwand benutzt, um dich zu trennen. Diese Erfahrung ist immer gleich, egal ob du sie als Kind, als Säugling oder bereits im Mutterleib machst. Die Frage ist, ob du dich dafür entschieden hast, ihm zu helfen, oder ob du ihn verurteilt hast. Aus diesen und ähnlichen Mustern sind deine eigenen Versagensmuster entstanden. Du bist in Erfolgsrollen geschlüpft, in denen du scheinbar erfolgreich warst, die aber einen hohen Preis von dir gefordert haben. Rollen sind weder echt noch authentisch. Es sind Abwehrmechanismen, die verhindern, dass du empfangen kannst, weil sie eine Kompensation für Gefühle der Schuld und des Versagens sind.

Du hast versprochen, deinem Vater zur Seite zu stehen, und dort, wo du es nicht getan hast, hast du sowohl das Problem als auch die Lektion für dein eigenes Leben übernommen. Wenn dein Vater im Beruf versagt hat, hatte er ein Problem mit seinem eigenen Vater. Wenn er in der Beziehung zu deiner Mutter versagt hat, hatte er auch ein Problem mit seiner eigenen Mutter. Du solltest ihm helfen, diese Lektionen zu lernen. Ein Blick ins Unterbewusstsein zeigt, dass deine Klagen über deinen Vater die Orte zeigen, an denen du die Gaben nicht eingesetzt hast, die du mitgebracht hast, um ihm zur Seite zu stehen. Du hast gelitten, damit du dich trennen konntest, obwohl du etwas hättest bewirken können, wenn du ihm geholfen hättest. Diese Gaben trägst du nach wie vor in dir. Sie sind verborgen, aber du kannst intuitiv herausfinden, worin sie bestehen und damit das Ego umgehen, das deinen Geist vernebelt. Du kannst auch schlussfolgern, worin deine Gaben für deinen Vater bestehen. Welche Gabe wird benötigt, um die Situation deines Vaters zu heilen? Dies ist ein wichtiger Teil deiner Lebensaufgabe! Wenn du die Lektion lernst, stehen dir diese Gaben und Lektionen zur Verfügung, um dir selbst und allen Menschen zu helfen, die zu dir kommen. Bitte bei jedem dieser vergangenen Versäumnisse den HIMMEL darum, die Schuld aufzulösen, die ihr beide empfindet. Öffne dann deine Gabe und bitte auch hier um die Hilfe des HIMMELS. Auch der HIMMEL hält in dieser Situation eine Gabe für dich und deinen Vater bereit. Du kannst diese Gabe empfangen und mit deinem Vater teilen. Wenn der Prozess abgeschlossen ist, wünsche dir von ganzem Herzen den Anteil deines Bewusstseins zurück, den du infolge dieses Ereignisses verloren hast. Wie groß ist der Prozentsatz, den du dadurch zurückgewinnst? Du kannst den HIMMEL bitten, die verloren gegangene Verbundenheit zu deinem Vater, dir selbst und dem HIMMEL wiederherzustellen. Dadurch gewinnt dein Leben an Mühelosigkeit und du kannst empfangen und genießen. Du kannst in diesem Bereich nun erfolgreich sein, ohne dass du dich aufopfern musst.

Wir sind hier, um unsere Eltern zu retten, und alle schlechten Gefühle, die wir ihnen gegenüber empfinden, verhindern unseren Erfolg. Verpflichte dich, alle verborgenen inneren Orte zu finden, an denen du Schmerz und Versagen in dir trägst. Lege sie dem HIMMEL dar, damit er sie heilen kann. In dem Maße, in dem du die Beziehung zu deinem Vater aufbaust, baust du sie auch zu deinem Sohn, dir selbst, deinem Partner und GOTT auf. Als Folge davon nehmen Erfolg und Fülle zu und dein Leben ist mehr im Fluss und von einem höheren Maß an Mühelosigkeit geprägt.

6

Projektion auf die Mutter

„Ein jeder bevölkert seine Welt mit Gestalten
aus seiner persönlichen Vergangenheit ..."
Ein Kurs in Wundern, T-13.V.2:1

Unsere Mutter ist eine Schlüsselfigur in unserem Leben. Sie symbolisiert unsere Beziehungen. Wenn du eine Frau bist, spiegelt sie dein Selbstgefühl, und wenn du ein Mann bist, spiegelt sie deine weibliche Seite. Sie spiegelt unsere Fähigkeit zu empfangen und unsere Fähigkeit zur Selbstliebe wider. Sie steht für einen Anteil unserer Seele, den wir verurteilt, abgespalten und nach außen projiziert haben. Vielleicht fürchten wir uns vor ihren Gaben, ihrer Unterdrückung, ihrem Zorn oder ihrer Toxizität, sodass wir uns von ihr trennen und diese Qualitäten in uns selbst abspalten. Auf einer tieferen Ebene haben wir diese Qualitäten bei uns selbst verurteilt und sie dann abgespalten und auf unsere Mutter projiziert. Unsere Mutter ist eine wahre Schatzkiste an Bewusstseinsanteilen, die wir bei uns selbst verworfen haben und die uns, wenn wir sie wiederfinden, befreien, zu unser beider Ganzheit beitragen und die Verbundenheit zu unserer Mutter wiederherstellen können.

Wir haben für gewöhnlich eine ganze Reihe von Leben gelebt, in denen wir unserer Mutter sehr ähnlich waren. In diesem Leben wollten wir die Dinge, die unsere Mutter uns spiegelt, akzeptieren, vergeben, verbinden und integrieren. Wir wollten alle Toxizität heilen und läutern, die unsere Mutter uns gegenüber gezeigt hat, weil wir diese Toxizität auf der tiefsten Ebene mit ihr gemeinsam haben. Anderenfalls hätten wir bereits erkannt, dass ihr Verhalten ein Hilferuf war und dass wir die Seelengaben mitgebracht haben, um sie vor sich selbst zu retten. Wir wollten uns in diesem Leben tiefer mit unserer Mutter und mit uns selbst verbinden. In jedem Konflikt, den wir mit unserer Mutter haben, wollten wir ihr helfen und weder sie noch uns selbst für das verurteilen, was wir in ihr sehen oder mit ihr erleben. Wenn wir unsere Mutter nicht länger verurteilen, verurteilen wir auch uns nicht länger für Qualitäten, die wir in ihr wahrnehmen. Viele Menschen sagen, dass sie auf gar keinen Fall wie ihre Mutter sein wollen, gestehen aber auch, dass sie im Gespräch mit ihrem Partner oder ihren Kindern oft wie ihre Mutter reden.

Wenn du deiner Mutter nicht vergibst, übernimmst du ihre Themen. Wenn du die Lektionen, mit denen sie es zu tun hat, nicht lernst, werden sie an dich weitergegeben und damit zu einem Anteil, mit dem du dich bei dir selbst und in der Beziehung zu anderen Menschen auseinandersetzen musst. Wenn du dich mit deiner Mutter verbindest und ihr vergibst, wirst du in höherem Maße fähig, Liebe und Fülle zu empfangen und dir und den Menschen in deiner Umgebung damit weibliche Anmut zu schenken.

Stelle dir einmal vor, dass du deiner Mutter in einem Abstand von hundert Schritten gegenüberstehst. Wenn du es wüsstest, was legst du ihr zur Last? Wie wirkt sich das auf dein Leben aus? In wie vielen Leben hast du ganz genauso gehandelt? Wofür benutzt du diesen Glaubenssatz oder dieses Verhalten jetzt? Liefert es dir eine Ausrede, um dich zu trennen oder dich nicht zu zeigen? Willst du Heilung erlangen oder willst du Urteile, Angriff und Selbstangriff? Wenn du dich für die Heilung entscheidest, wie viele Schritte bist du gewillt, jetzt auf sie zuzugehen? Was legst du dir und deiner Mutter jetzt zur Last? Wiederhole die Frage so lange immer wieder, bis du deine Mutter nicht nur umarmen, sondern eins mit ihr werden kannst. Es ist möglich, dass zu einem späteren Zeitpunkt weitere Schichten zutage treten, aber jeder Akt der Heilung bringt dich deiner Mutter, dir selbst und dem HIMMEL näher.

Du bist im Besitz des Gegenmittels zu jedem Problem, das deine Mutter hat. Wenn du einen Aspekt wie beispielsweise ihre Toxizität nicht gegen sie verwendest, um deine eigenen Egoziele zu erreichen, dürfte es dir leichtfallen, ihn loszulassen und nicht länger als Vorwand zu benutzen, um dich zu trennen. Wenn deine Mutter toxisch ist, hast du als hochsensibler Mensch in der Regel den Archetypus des Einhorns mitgebracht, um sie zu läutern. Das Einhorn kann einen vergifteten Brunnen ganz einfach dadurch klären, dass es ihn mit seinem Horn berührt. Du kannst es sinnbildlich bei deiner Mutter tun, bis ihre Liebe und ihr Licht hervorleuchten. Dann kannst du die Liebe und das Licht, als das du geschaffen wurdest, mit dem Licht und der Liebe deiner Mutter verbinden. Selbst wenn deine Mutter besessen ist, kannst du sie durch deine Verbindung mit dem HIMMEL von allen dämonischen Einflüssen befreien, indem du ihr die Wahrheit und das Licht bringst. Du kannst auch an den Ort zurückkehren, an dem das Trauma geschehen ist, deine FREUNDE AN HÖHERER STELLE bitten, deine Mutter zu heilen, und die Seelengabe mit ihr teilen, die du mitgebracht hast, um sie zu unterstützen. Willst du die Gabe oder das Problem? Wenn du deiner Mutter mit dieser Gabe hilfst, steht sie dir zur Verfügung, um viele Menschen zu befreien.

7

Die Vergangenheit wiedergutmachen

Wir alle haben durch Trennung eine Egoidentität geschaffen. In der Trennung haben wir Schmerz und Verlust erfahren. Die Trennung und der Verlust unserer Verbundenheit haben unsere Bedürfnisse entstehen lassen. Das ist während unseres Heranwachsens in allen Altersstufen geschehen und wir tragen Selbste in uns, die damals emotional erstarrt sind und die Bedürfnisse, die in dieser Zeit entstanden sind, jetzt erfüllt haben wollen. Es sind die Dinge, von denen wir glauben, dass sie uns Erfüllung bringen, sei es Essen, Alkohol, Drogen, Sex, das Sammeln von Gegenständen, Reisen, Erfahrungen und viele andere Dinge, die wir in dieser Welt als wert erachten.

Wir können die Vergangenheit nicht wiedergutmachen. Das ist unmöglich, aber wir können die Vergangenheit in der Gegenwart heilen. Damit bringen wir Ganzheit und Selbstvertrauen an einen Ort, an dem wir uns schwach fühlen und glauben, äußere Dinge zu brauchen, um uns zu nähren und uns ein Wertgefühl zu vermitteln. Das sind die Dinge oder Menschen, an denen wir anhaften, und wenn wir eine Anhaftung verlieren, empfinden wir Trauer in der gegenwärtigen und auch über den ursprünglichen Verlust. Jeder Mensch hat Bedürfnisse. Wir haben sogar Bedürfnisse auf der Ebene der falschen Götter, auf der wir unsere Anhaftung wie einen Erlöser behandeln, der uns Sicherheit geben und Erfüllung bringen kann.

Du kannst ein Bedürfnis, eine Anhaftung oder einen Götzen bis zu seinem Ursprung zurückverfolgen. Hier hast du den Weg des Egos eingeschlagen und begonnen, deinen Schmerz zu dissoziieren und aus der Bedürftigkeit heraus zu nehmen, die ein Ergebnis der verlorenen Verbundenheit ist. Bedürfnisse rühren von der ursprünglichen Spaltung unseres Bewusstseins her, in deren Folge wir die Verbindung verloren haben. Wir urteilen in Wirklichkeit noch immer über unsere Bedürfnisse, weil wir unabhängig sein wollen. Die daraus resultierende Spaltung des Bewusstseins ist Teil des ursprünglichen Urteils, das die Trennung verursacht hat. Wir haben einen Menschen oder eine Situation zurückgewiesen und diese Zurückweisung hat die Trennung herbeigeführt. Diese Zurückweisung hat den Schmerz verursacht, den wir einem anderen Menschen zur Last legen. Wir haben uns der Rolle der Unabhängigkeit zugewandt, die uns das gegeben hat, was wir für das Wesen unserer Identität hielten. Folglich wollen wir unsere Unabhängigkeit und die Identität, die wir geschaffen haben. Auf der anderen Seite wollen wir nach wie vor, dass unsere Bedürfnisse erfüllt werden, und die Identität, die wir geschaffen haben, trägt sowohl die Rolle des Opfers als auch die Rolle der Aufopferung in sich verankert. Diese Wünsche und Sehnsüchte stehen im Gegensatz zueinander, sodass wir uns in einem Konflikt befinden, was die Erfüllung unserer Bedürfnisse betrifft. Wir wollen das, was wir verurteilt haben.

Frage dich, in welchem Maße du versuchst, die Vergangenheit und deine schmerzhaften Erfahrungen wiedergutzumachen. Es ist das Maß, in dem du dich in einem Konflikt befindest, weil du deine Bedürfnisse erfüllt haben willst, aber gleichzeitig fürchtest, die Unabhängigkeit zu verlieren, die du dir mit einem so hohen Maß an Schmerz erkauft hast.

Was in der Vergangenheit geschehen ist, lässt dich planen und befürchten, dass du in der Zukunft nicht das bekommst, was du zu brauchen glaubst. Die Gegenwart ist der Ort des Friedens, an dem dein Geist offen ist und dein Herz sich ausdehnt. Gnade, Inspiration und Wunder sind naturgemäß Bestandteil der Gegenwart.

Wenn ein hochsensibler Mensch zwischen Vergangenheit und Gegenwart gefangen ist, gelangt er nicht zu seiner Bestimmung, die stets in der Gegenwart liegt. Die natürliche Eleganz hochsensibler Menschen kommt aus dem Frieden und dem Selbstvertrauen, die sich in der Gegenwart einstellen. Das geschieht nicht, wenn ein hochsensibler Mensch durch Angst vor der Zukunft gelähmt ist oder von Emotionen aus der Vergangenheit wie etwa Schuld und Herzensbruch aufgewühlt wird. Die Gegenwart ist der Ort, an dem das Licht durchscheint, und ohne Licht kann es keine Vision geben, in der eine positive Zukunft möglich ist. Nur in der Gegenwart können wir die Vergangenheit überschreiten und uns für eine vollkommene Welt des HIMMELS auf Erden öffnen, jenseits des Glitzers und der Versuchungen dieser Welt, die unser Ego benutzt, um uns aus der Bahn zu werfen. In der Gegenwart herrscht Frieden und daraus erwachsen Liebe, Fülle und Gesundheit. Die Eleganz eines hochsensiblen Menschen entsteht in seinem *Sein*, das allein in der Gegenwart zu finden ist. Ein hochsensibler Mensch ist in der Gegenwart weniger im Fluss, sondern der Fluss strömt vielmehr durch ihn hindurch und beeinflusst und transformiert seine gesamte Umgebung. Wenn dies immer häufiger geschieht, hat er seine heilende Funktion akzeptiert, die darin besteht, das TAO durch sich hindurchfließen zu lassen, damit das Leben sich in Anbetracht dessen, was der Berichtigung bedarf, in der höchstmöglichen Weise entfalten kann. Je stärker das TAO ihn durchströmt, umso mehr löst sein Ego sich auf und hinterlässt Liebe und Freude. Ein hochsensibler Mensch, der das erkennt, erkennt auch, dass er nichts tun, nichts wiedergutmachen, nichts bekommen und nichts beweisen muss. Er ist Zeuge von allem und kann sich an allem erfreuen, weil er weiß, dass für alles gesorgt ist. Er gibt durch die Strahlkraft seines *Seins* und er empfängt die Gaben des HIMMELS.

8

Wenn du dich antreibst, um Dinge zu erledigen

Viele Menschen haben eine Liste mit Dingen, die zu tun sind, während andere Terminpläne haben, in die wir uns einfügen sollen. Manchmal erreichen wir in unserem Leben einen Punkt, an dem wir sehr wenig Zeit für uns selbst haben. Entscheidend ist an dieser Stelle nicht, dass wir versuchen, effizienter zu sein und möglichst viele Dinge zu erledigen. Der entscheidende Punkt ist, dass wir zunächst zielgerichteter werden, um alte, überholte Kapitel in unserem Leben loslassen zu können. Danach sind wir aufgerufen, effektiver zu werden. Wenn wir das erreicht haben, sind wir aufgefordert, unsere Entscheidungsfähigkeit in die Hände des HIMMELS zu legen, damit er uns führen und lenken, uns nähren und inspirieren, unser Trost und auch die LIEBE sein kann, die in uns einströmt. Effektivität heißt, dass wir sinnlose Ziele und banale Zeitvertreibe loslassen. Wir können in einem ruhigen Moment unsere Zeitpläne und unsere Geschäftigkeit im Licht der Wahrheit betrachten, das alle Illusion fortleuchtet. Wenn das Licht kommt, verschwindet alles, was Illusion ist.

Damit wir effektiv werden können, müssen wir entschleunigen und alles hinter uns lassen, was nur Ablenkung und Zerstreuung ist. Wir sind aufgerufen, in unsere Mitte zurückzukehren, die Teil des *Jetzt* ist. Dann können wir darum bitten, dass wir in eine immer tiefere und zugleich höhere Mitte zurückgetragen werden. Das *Jetzt* ist der Ort, an dem Genuss und Wunder auf uns warten. Die lineare Zeit sperrt uns in ein Gefängnis, in dem wir, verurteilt von unserem Ego, lediglich unsere Zeit absitzen. Wenn wir im *Jetzt* leben, durchbrechen wir die Kontinuität des Egos, das die Vergangenheit benutzt, um über die Zukunft zu bestimmen. Die Schuld der Vergangenheit fesselt uns an eine ähnliche Zukunft und das ist die Ursache unserer Angst. Die Schuld zeigt, wo wir glauben, den Schmerz der Vergangenheit verursacht zu haben, und dies dann vor uns selbst verborgen haben.

Ein Blick ins Unterbewusstsein zeigt, dass dies bei jeder Opfergeschichte der Fall ist. Unser Schmerz ist ein Zeichen dafür, dass wir uns selbst und andere Menschen angreifen. Wir sind aufgerufen, den Schmerz der Vergangenheit zu heilen, um ihn nicht als Muster in die Zukunft zu tragen und so die Gegenwart, das transzendente Jetzt, zu vermeiden. Wenn du einmal darüber nachdenkst, erkennst du, dass es nur die Gegenwart gibt. Die Vergangenheit existiert nicht mehr und die Zukunft ist nur eine Vorstellung. Wir tragen die Vergangenheit in die Gegenwart, um der Gegenwart aus dem Weg zu gehen, und verbergen so effektiv ihre Macht, Wunder zu bewirken. Wenn du nur in der Gegenwart lebst, verschwindet die Vergangenheit mit ihrem Groll und ihrem Schmerz. Du siehst nur die Gegenwart eines Menschen, von dem du dachtest, er habe dich zum Opfer gemacht. Du bist nicht mehr länger in die Finsternis einer Vergangenheit eingesperrt, die in Wirklichkeit eine Illusion war. Es war eine Geschichte, die du erfunden und durchlebt hast, um nicht der sein zu müssen, der du in diesem Leben sein wolltest. Ein Blick ins Unterbewusstsein zeigt, dass du den anderen

Menschen benutzt hast, um dich selbst zum Opfer zu machen. Dein Schmerz rührt von deiner Trennung her. Er ist die Vergangenheit, die in die Gegenwart getragen wurde. In gleichem Maße spiegelt er deine Schuld, deine Angst und deine Bedürfnisse wider. Wenn du in die Gegenwart kommst, verschwinden der Schmerz, die Angst, das Bedürfnis und die Schuld, die du benutzt hast, um die Trennung aufrechtzuerhalten, und du kannst anderen Menschen und dir selbst begegnen. Damit schenkst du dir selbst und anderen Liebe und Freude. Dein Leben entschleunigt und du kannst in höherem Maße für das empfangen, was du gibst und was du tust.

Die Liste der zu erledigenden Dinge und die Terminpläne, nach denen du lebst, werden in hundert Jahren kaum eine Veränderung bewirkt haben, es sei denn, du wirst geführt, um bestimmte Aufgaben zu übernehmen. Anderenfalls fütterst du nur dein Ego und errichtest der Nutzlosigkeit ein Denkmal. Fast alles, was du tust, ist eine Kompensation für vergangenen Schmerz. Wenn du dich antreibst, kompensierst du Unzulänglichkeit, Schuld und Trennung. Du treibst dich an, um ein bestimmtes Ziel zu erreichen und ein bestimmtes Bedürfnis zu erfüllen, hast aber in Wirklichkeit ein gespaltenes Bewusstsein, das dein Leben anstrengend macht. Zudem tust du alles, um die Unabhängigkeit zu bewahren, die aus dem Verlust der Verbundenheit, dem Schmerz und den Bedürfnissen der Vergangenheit heraus entstanden ist.

Wenn du dich antreibst, arbeitest du heimlich gegen dich selbst und deine wahren Ziele. Dein gespaltenes Bewusstsein lässt dich für den halben Gewinn doppelt so hart arbeiten. Das ist das Gegenteil zu rückhaltlosem Geben. Wenn du entschleunigst, wirst du antwortfähig und verbindest dich mit dir selbst und anderen Menschen. Dann kannst du genießen, was in deinem Umfeld geschieht. Du gehst den Emotionen, die notwendig sind, um die Vergangenheit zu heilen, nicht länger aus dem Weg. Wenn du deine Emotionen verbirgst, kompensierst du sie, blockierst damit aber deine Fähigkeit zu empfangen, erfolgreich zu sein und dich partnerschaftlich zu verbinden, denn sie nagen trotzdem an dir, weil sie deine Lebensgeschichte prägen. Folglich hast du Angst vor dem nächsten Schritt und davor, dich stärker zu verbinden.

Im *Jetzt* leben bedeutet, sowohl das Leben zu genießen als auch das, was du gerade tust. Die Gegenwart heißt Führung und Gnade willkommen Sie lässt dich erkennen, dass das *Jetzt* die einzige Zeit ist, die es gibt. Sie bringt dich auch von der Effizienz, Dinge zu erledigen, zur Effektivität der Verbundenheit voran, die ein natürlicher Aspekt des Bewusstseins der Meisterschaft ist. Du erlangst einen spirituellen Blick auf das Leben, andere Menschen und dich selbst, sodass du nur noch die Dinge erledigst, zu denen du dich berufen fühlst, und dich für die Gnade öffnest, die sie durch dich vollbringt. Dadurch und durch das Geben und Empfangen, das im Stadium der Meisterschaft geschieht, wird das Leben wesentlich einfacher.

Je weiter du in der Meisterschaft vorangelangst, umso stärker verlangsamt sich die innere Zeit und bleibt schließlich sogar stehen. Du kommst ganz einfach tiefer ins *Jetzt*. Deine Welt wird kleiner, ist von einem höheren Maß an Glück geprägt und gewinnt sowohl an Tiefe als auch an Höhe. Du arbeitest nach wie vor an der Heilung deiner vergangenen Leben und deiner Ahnenvergangenheit, die in der Gegenwart in Form von Schmerz zutage treten. Jetzt bist du jedoch stärker präsent und besser gewappnet, damit umzugehen. Diese Heilung macht dich bereit, die Illusion *deiner* Pläne zu erkennen, und das führt dazu, dass du mehr nach innen lauschst. Du beginnst die STIMME FÜR GOTT in allen Dingen zu erfahren. Du erkennst, dass der einzige Ausweg in dir liegt. Du versuchst nicht, irgendwohin zu gelangen. Du willst im Hier und *Jetzt* sein und dir selbst und allen anderen Menschen begegnen.

In den letzten Stadien des Entfaltungsprozesses bist du aufgerufen, deine Entscheidungsfähigkeit zurückzugeben und dir zu erlauben, durch die Augen des HIMMELS wahrzunehmen. Du bist aufgerufen, einzig und allein der Führung des HIMMELS zu folgen, der alle Antworten kennt. Wenn du den Hang des Egos, alles entscheiden zu wollen, aufgibst, gewinnt dein Leben an Freude. Es hilft dir, die grenzenlose Liebe und Freude zu erkennen, die unaufhörlich vom HIMMEL ausgehen. Unabhängig von der Geschwindigkeit, mit der du dich in der äußeren Welt bewegst, wirst du innerlich langsamer und bist stärker verbunden. All das dient dazu, die Identität aufzulösen, die du anstelle der Identität gemacht hast, in der du geschaffen wurdest – in der Liebe und im Licht des reinen Geistes, der keine Grenzen kennt. Du trittst zurück und der HIMMEL ist in stärkerem Maße in dir präsent, wenn du dich auf den tiefen Frieden und die Macht des HIMMELS ausrichtest. Dann erreichst du wesentlich mehr und das Leben wird wesentlich einfacher. Dieser Rückhalt ist für hochsensible Menschen von entscheidender Bedeutung und sobald du ihn einmal erlangt hast, gibst du ihn naturgemäß an andere Menschen weiter.

9

Die Dunkelheit, in der du lebst

*Wenn alles um dich herum dunkel erscheint,
schau noch einmal hin.
Vielleicht bist du das Licht.*
Rumi

In hundert Jahren werden die Menschen auf diese Zeit zurückblicken. Und so, wie wir auf frühere Zeiten geschaut haben, werden wir auch hier erkennen, wie barbarisch diese Zeit ist. Wir werden sehen, dass Gier ohne jegliche Rücksicht auf die Umwelt, die Menschen und die Integrität selbst den Zeitgeist bestimmt hat. Korruption war zwar schon immer ein Thema, aber das Ausmaß, das sie in der heutigen Zeit angenommen hat, wird deutlich zutage treten. Hoffentlich dient es als Warnung vor dem Preis, den wir alle für Gier und Korruption zahlen, zumal wir durch sie in unserer gesamten Existenz bedroht sind. Gier hat unsere Wertvorstellungen von „Erfolg" völlig verzerrt, sodass einzig und allein der Profit zählt, ohne Rücksicht auf Gemeinschaft und Gemeinwohl. Sehr viele Menschen projizieren ihre eigene Gier und Korruption auf die großen Unternehmen, die Regierung oder reiche Menschen. Damit übernehmen wir keine Verantwortung für die Dunkelheit, die wir verurteilen und projizieren. Wenn du dein eigenes Leben mit Licht und Liebe erfüllen willst, musst du dich fragen, in welcher Form du einem anderen Menschen die Vergangenheit zur Last legst. Groll verstärkt die Dunkelheit in deinem Leben, im Leben der Menschen, die du liebst, und im kollektiven Feld. Das hält dich in Dunkelheit und Illusion gefangen. Es schreibt Fehlwahrnehmung und negative Muster fest.

An welchem Groll hältst du fest? Was verletzt oder verwundet dich noch immer? Welche Kränkungen nährst du? Wen hasst du? Die Vergangenheit ist vorbei. Sie existiert nur insoweit, als dass du sie als Ausrede in der Gegenwart benutzt. Du trägst das Licht in dir. Das LICHT selbst hat dich als Licht geschaffen. Du kannst an den falschen Wahrnehmungen der Vergangenheit festhalten oder du kannst dein Licht leuchten lassen. Wenn neues Verstehen aufkommt, fällt der Schmerz fort. Das habe ich bereits in meiner Anfangszeit als Therapeut und Zivilpsychologe in der US Navy gesehen. Wenn du die Dunkelheit in dir selbst nicht heilst, kannst du sie auch nicht in anderen Menschen heilen, und sie wird dich und deine Welt beherrschen. Wenn du die Negativität nicht heilst, der du in der Vergangenheit begegnet bist, wird sie zu einem Teil deines Egos, das sich auf deine Kosten stets neu erschaffen will. Der Schmerz, der dein Leben prägt, kommt deinem falschen Verstehen gleich. Bitte den HIMMEL um Einsicht. Wenn du die Vergangenheit einem anderen Menschen zur Last legst, legst du sie dir selbst zur Last. Die Vergangenheit existiert nicht. Wir leben in einer Welt, in der ein kollektiver Glaube an die lineare Zeit herrscht. Damit will das Ego die Zeit beherrschen und uns darin gefangen halten. In Wahrheit ist das *Jetzt* alles, was existiert. Wenn du nur die Gegenwart siehst, klärst du alle selbstsabotierenden Muster und auch den Angriff und Selbstangriff, die diese Muster antreiben. Als hochsensibler Mensch bist du in die Welt gekommen, um deinen Teil zu ihrer Rettung beizutragen. Die Welt ist ein Spiegel deines Geistes und dieser Spiegel bedarf der täglichen Reinigung durch Selbstheilung, die dir und allen Menschen in deiner Umgebung große Freude und Unschuld bringt. Du kannst deinen Teil beitragen, indem du dein Leben transformierst, bis alle Fehlwahrnehmung sich in Macht, in rechte Wahrnehmung und in die Fähigkeit verwandelt, mithilfe der Gegenwart über die Zeit hinaus an den Ort zu gelangen, an dem nur Licht und Liebe existieren.

10

Der große Fehler

Wir alle machen den großen Fehler. Er ist die Ursache für all unseren Schmerz. Der große Fehler besteht darin, dass wir uns auf jemand oder etwas außerhalb von uns verlassen, das uns aufrechterhält und glücklich macht. Wir benutzen und stützen uns auf Dinge und Menschen, um unsere Bedürfnisse zu erfüllen. Unsere äußeren Bedürfnisse sind oftmals ganz normale Dinge: eine glückliche Familie, liebevolle Eltern, nicht gemobbt zu werden, ein treuer Partner oder ein erfülltes Sexualleben. Wenn du auf dein Leben zurückblickst, erkennst du, dass alle Herzensbrüche und zerschlagenen Träume die Orte sind, an denen du den großen Fehler gemacht hast. Je mehr wir etwas außerhalb von uns brauchen, umso unsicherer ist unser Halt und umso mehr versuchen wir, uns auf äußere Dinge zu verlassen. Wir tun es, weil wir uns besser fühlen wollen, aber es führt unweigerlich zu Verlust und Herzensbruch. Dann versuchen wir, auch das letzte kleine Bedürfnis zu stillen, indem wir festhalten. Je stärker wir festhalten, umso mehr verlieren wir jedoch unsere Anziehungskraft auf die Menschen in unserer Umgebung. Je mehr wir anhaften, umso mehr stehen wir auch in Konflikt mit einem verborgenen inneren Selbstanteil, der unabhängig sein will. Anhaftung ist das Gegenteil von Liebe, denn Anhaftung nimmt, während die Liebe gibt und empfängt.

Wir können an Menschen, Dingen, Situationen, Orten, aber auch an Ideen, Glaubenssätzen oder Wertvorstellungen anhaften. Wir machen die Dinge, die unsere Bedürfnisse befriedigen, zu Götzen und das Ego benutzt diese falschen Götter, um sie an die Stelle GOTTES als der höchsten QUELLE zu setzen. Wenn wir die Vergangenheit nicht von der schmerzhaften Desillusionierung heilen, die mit Götzen einhergeht, geben wir entweder auf oder wenden uns einem anderen Götzen zu. GOTT ist in Wirklichkeit das einzige Bedürfnis, das wir haben, und ER kann uns alles geben, was wir brauchen. Je mehr wir in der QUELLE ruhen, umso mehr werden alle unsere Bedürfnisse erfüllt. GOTT weiß, was wir brauchen. Das Ego ist darauf aus, widerrechtlich GOTTES Platz einzunehmen, und tut alles, was in seiner Macht steht, um unsere Bedürfnisse zu befriedigen, indem es nimmt oder bekommt. Es hält uns auf Trab und will den Dank für seine Bemühungen einstreichen, verhindert aber gleichzeitig, dass wir empfangen können. Unser Ego ist nicht GOTT. Wir können GOTT wieder in unseren Geist und in unser Leben einlassen. Wenn wir es tun, kommt die Welt in Ordnung, bei unserem eigenen Leben angefangen.

11

Dein Seelenmuster verstehen

Um dein Seelenmuster zu erkennen, wirf einen Blick auf die Muster, die dein Leben prägen. Warst du eher ein Opfer, hast du dich aufgeopfert oder warst du in hohem Maße unabhängig? Welche Kombination aus diesen drei Mustern war in deinem Leben vorherrschend? Wie haben sie sich auf dein Leben ausgewirkt? Warst du erfolgreich? War es leicht? Warst du glücklich? Dein Lebensmuster zeigt normalerweise dein Seelenmuster. Dein Lebensmuster zeigt auch, was du in diesem Leben *lernen* wolltest. Wenn du in der Entwicklung deiner Seele noch viele Aspekte zu lernen hast, sind die Lektionen innerhalb deiner Familie und auf der Ahnenebene darauf ausgerichtet, dich darin zu unterstützen. Wenn du erfolgreich bist, lernst du grundlegende Seelenlektionen, öffnest die Gaben, die du brauchst, um diese Lektionen zu lernen, erfüllst deine Lebensaufgabe und bekennst dich zu deiner Bestimmung. All das ist Teil deines Seelenmusters. Ein kurzer Blick darauf, wie sich deine Kindheit von der Geburt bis zum Alter von zwanzig Jahren entwickelt hat, hilft dir ebenfalls, dein Seelenmuster und das Muster für dieses Leben zu erkennen.

Obwohl es nicht ungewöhnlich ist, dass deine Kindheit und deine Jugend zunächst von Opfermustern, dann von Mustern der Aufopferung und schließlich von Mustern der Unabhängigkeit geprägt sind, kannst du die typischen Muster, die deine vergangenen Leben bestimmt haben, anhand der Traumen erkennen, mit denen du es in diesem Leben zu tun hast. Nach dem Fall aus dem Zustand des EINSSEINS sind wir alle in unseren vergangenen Leben zahllose Male gefallen, bis wir als formloser Geist schließlich einen Körper angenommen haben, um zu beweisen, dass wir getrennt sind. Jetzt können wir die Fehler berichtigen und die Traumen der vergangenen Leben heilen, die jedes Trauma in diesem Leben hervorgerufen haben.

Betrachte dein Leben vom Zeitpunkt deiner Empfängnis an. Die Zeiten, in denen du ein Trauma erlitten hast, stehen in Beziehung zu den Zeiten, in denen du in einem vergangenen Leben – von Anbeginn der Zeit an – gefallen bist. Ein Trauma im Alter von drei Jahren, dem häufigsten Alter in unserer Generation, ist Ausdruck unseres Widerstandes gegen unsere Lebensaufgabe. Hier sollten wir Selbstvertrauen gewinnen und etwas über Erfolg und unsere Lebensaufgabe lernen. Dieses Alter steht symbolisch für ein Seelenmuster, das etwa im ersten Drittel des Entfaltungsprozesses unserer Seele begonnen hat. Jeder Ort, an dem wir als Seele im Bewusstsein tiefer gefallen sind, steht in Beziehung zu einem Trauma, das wir in diesem Leben in einem bestimmten Alter erlitten haben. Kindheitstraumen in einem bestimmten Alter stehen wiederum in Beziehung zum entsprechenden Monat im Mutterleib, in dem es im Leben der Menschen in unserer Umgebung eine emotionale Erschütterung gegeben hat. Wenn du beispielsweise im Alter von sechs Jahren ein Trauma erlitten hast, steht dieses Trauma in Beziehung zu einem Problem, das im sechsten Monat im Mutterleib aufgetreten und dessen Wurzel in diesem Leben ist. Im Mutterleib sind wir ein übersinnlicher Schwamm. Wir nehmen alles auf, was den Menschen in unserer Umgebung widerfährt, und übernehmen ihren Schmerz. Er hat das Trauma des sechsjährigen Kindes ausgelöst.

Auf der unbewussten Ebene rühren alle Erfahrungen mit Menschen, die uns nahestehen, von zentralen Selbstkonzepten aus vergangenen Leben her, die wir in uns tragen. Diese Selbstkonzepte wollen wir in diesem Leben heilen und integrieren, vor allem in Bezug auf unseren Partner, unsere Eltern, unsere Kinder und unsere Geschwister. Je näher wir ihnen kommen, indem wir jegliche Form von Negativität heilen, umso mehr gelingt es uns, unsere Lebensaufgabe zu erfüllen. Wir sind in die Welt gekommen, um sie und damit gleichzeitig auch uns selbst zu retten.

Nimm dir einen Augenblick Zeit, um sowohl über die Erfolge als auch über die Negativität in deinem Leben nachzudenken. Was du siehst, ist das, woran du arbeiten und was du verändern willst, um ein höheres Maß an Ganzheit zu erlangen und damit dein Leben und deine Beziehungen erfolgreich sind. Willst du glücklich sein? Willst du spirituellen Erfolg? Willst du deine Lebensaufgabe erfüllen und das strahlend helle Licht sein, das du sein wolltest, damit andere Menschen in Resonanz dazu gehen und ihren eigenen Weg finden? Willst du so sehr von Liebe erfüllt sein, dass du häufig Freude empfindest? Willst du eine erfolgreiche Beziehung und eine erfolgreiche Familie?

Entscheide dich jetzt und immer wieder neu. Entscheide dich unabhängig davon, ob es leicht oder schwer ist. Verpflichte dich von ganzem Herzen. Bitte um Wunder. Setze alles auf eine Karte! Bitte um GOTTES Hilfe. Zahllose spirituelle Texte versprechen, dass eine aufrichtige Bitte um GÖTTLICHE Hilfe immer erhört wird.

12

Schamanische Prüfungen und Meisterschaftsprüfungen

Es gibt Zeiten in unserem Leben, in denen wir uns einer tiefgreifenden Prüfung unserer Emotionen, unserer Willenskraft und unserer Weisheit stellen müssen. Wenn wir sie bestehen, werden wir auf eine neue Ebene der Bewusstheit, der Macht und des Selbstvertrauens gehoben. Diese Prüfungen sind Initiationen, in denen wir unsere Gaben, unsere Vision und unsere Lebensaufgabe wiederfinden können. Sie können uns erheben, aber auch zerbrechen. Es sind schamanische Prüfungen im Stadium der Vision oder Meisterschaftsprüfungen im Stadium der Meisterschaft, die offenbar von unserer Seele geplant werden. Unser Ego setzt darauf, dass wir sie nicht bestehen und emotionale oder sogar tödliche Wunden davontragen. Unser höheres Bewusstsein setzt dagegen darauf, dass wir diese Prüfungen bestehen, ein neues Maß an Ganzheit erlangen und uns in höherem Maße für die grenzenlose Macht des reinen Geistes öffnen, der unsere wahre Natur ist.

Wenn wir eine schamanische Prüfung nicht bestehen, fühlen wir uns, als habe man uns das Herz herausgerissen. Wenn wir eine Meisterschaftsprüfung nicht bestehen, fühlen wir uns, als seien wir bei einem Erdbeben von einem achtstöckigen Gebäude zerschmettert worden. Die Welt, die wir kannten, bricht zusammen. Wenn wir eine solche Prüfung nicht bestanden und diese Tatsache anschließend nicht völlig verdrängt haben, können wir uns wahrscheinlich noch immer an den damit verbundenen Schmerz erinnern. Die schlechte Nachricht lautet, dass wir ein enorm hohes Maß an Energie verbrauchen, damit wir den unerträglichen Schmerz nicht ständig spüren müssen. Diese Energie könnten wir anderenfalls in positive Lebensbereiche wie Hilfsbereitschaft, Kreativität, Liebe und Freude investieren. Der Schmerz und unsere etablierten Selbstkonzepte erzeugen fortwährend negative Muster in unserem Leben. Die gute Nachricht lautet, dass wir diese Prüfungen auch jetzt noch bestehen können, indem wir die Lektionen lernen und den Schmerz transformieren.

Wir können eine schamanische Prüfung bestehen, indem wir uns voll und ganz einbringen, um auf die nächste Ebene des Erfolges und der Bewusstheit zu gelangen. Wenn wir alles geben, können wir zwar auf der menschlichen Ebene erfolgreich sein, aber all unser Heldenmut reicht nicht aus, um eine Prüfung auf der Ebene der Meisterschaft zu bestehen. Eine schamanische Prüfung kann zum Beispiel ein Herzensbruch, ein Unfall, eine Erkrankung oder ein tiefgreifender Streit sein. Bei einer Meisterschaftsprüfung befinden sich nahezu immer andere Menschen in unserer Obhut, sei es eine Familie, eine Stadt, ein Land oder eine Welt. Diese Prüfung können wir nicht aus eigener Kraft, sondern allein mit der Hilfe des HIMMELS bestehen. Gnade ist auch die eleganteste Lösung, wenn wir eine schamanische Prüfung bestehen müssen.

Kehre in deiner Vorstellung zu einer solchen Situation zurück und stelle dir die Frage, welche positive Lektion du daraus lernen wolltest. Da du die Prüfung nicht bestanden hast, hast du stattdessen eine dunkle Lektion gelernt. Nun ist es an der Zeit, mithilfe deiner Willenskraft die Lektion zu lernen, die deine Seele für dich vorgesehen hatte. Bitte zunächst einen deiner FREUNDE AN HÖHERER STELLE wie Christus, Maria, Kuan Yin oder Buddha darum, dir zur Seite zu stehen. Öffne die Gabe, die du mitgebracht hast, um die Prüfung zu bestehen, und empfange die Gaben des HIMMELS. Sie bringen das Wunder. Spüre die GÖTTLICHE LIEBE, die dich umgibt. Erkenne, dass das negative Verhalten eines anderen Menschen ein Hilferuf ist und dass du allen Menschen helfen kannst, wenn du dem oder den an der Situation beteiligten Menschen hilfst. Die Erkenntnis, dass du das Ereignis benutzt, um deine Lebensaufgabe und deine Bestimmung entweder zu erfüllen oder ihnen aus dem Weg zu gehen, sollte ein Ansporn für dich sein. Was willst du? Wofür entscheidest du dich? Wenn du dich zu deiner Lebensaufgabe und deiner Bestimmung bekennst, teile in deiner Vorstellung sowohl deine eigene Seelengabe als auch die Gaben des HIMMELS und gehe den Weg des HIMMELS, bis du in der Gegenwart angekommen bist. Blicke dann auf dein Leben zurück und nimm wahr, wie es sich verändert hat, nachdem du nun den Weg des HIMMELS eingeschlagen hast. Gehe jeden Schritt mit dem HIMMEL an deiner Seite. Nutze diese Ereignisse als Mittel für den Frieden, statt sie zu einem Hindernis für den Frieden in deinem Leben zu machen.

Dein Wunsch, deine Lebensaufgabe zu erfüllen und der zu sein, der du in der Welt sein wolltest, ist von ausschlaggebender Bedeutung. Wenn du dich für deine Lebensaufgabe und deine Bestimmung entscheidest, entscheidest du dich für den Weg der Heilung. Anderenfalls benutzt du das Ereignis als Ausrede, um dich nicht zu zeigen und andere Menschen zu kontrollieren. Dann bist du nicht hilfreich, sondern wirst zu einem Hindernis und benutzt andere Menschen, um dein Ego und seine Besonderheit auf positive oder negative Weise zu stärken. Die Prüfungen, die du für dich selbst geplant hast, zeugen von deinem Glauben an dich selbst und deinem Wunsch, Zeit zu sparen. Es ist nicht zu spät, um diese Prüfungen zu bestehen.

13

Die Verletzung, die du nicht überwunden hast

Eine Verletzung, die du nicht überwunden hast, nagt innerlich an dir. Wenn du den Schmerz auf allen Ebenen vollkommen geheilt hast, kannst du dich noch nicht einmal daran erinnern, nicht, weil du sie verdrängt hast, sondern weil die Heilung die Wahrheit ans Licht gebracht und die Illusion aufgelöst hat. Die alten Wunden können gerade hochsensible Menschen immer wieder neu verletzen und werden irgendwann toxisch. Oft kann diese Toxizität tatsächlich bereits im astralen Stadium entstanden sein, das in einer Zeit liegt, in der wir noch keinen Körper angenommen hatten, und das hat unsere Seele mit Negativität erfüllt und eine selbstsabotierende Angst entstehen lassen, die unser Leben bestimmt und die wir benutzen, um andere Menschen zu kontrollieren. Nun ist es an der Zeit, uns der Heilung der alten Verletzung zu verpflichten und uns nicht länger aufhalten zu lassen.

Die Vergangenheit ist nur dann schmerzhaft, wenn du einen bestimmten Aspekt nicht akzeptieren kannst. Was ist es? Wenn du ihn erkennst, mache dir bewusst, dass du eine Wahl hast. Willst du ihn akzeptieren und einen Schritt im Leben vorangelangen oder willst du in deinem Schmerz gefangen bleiben? Die Entscheidung, deine Vergangenheit zu akzeptieren und den nächsten Schritt zu gehen, ist ein

Schritt hin zu dringend notwendiger Veränderung und zu einem höheren Maß an Wahrheit in deiner Wahrnehmung der Situation. Wenn du den nächsten Schritt gehst, erkenne, was du an diesem Ort nicht akzeptieren kannst. Willst du hier feststecken oder willst du akzeptieren und weitergehen? Wenn du etwas akzeptierst, wird es paradoxerweise geheilt, weil du eine Anhaftung und ein Urteil loslässt und zum nächsten Schritt vorangehst. Akzeptiere immer wieder, bis der Berg aus Schmerz zu einem bedeutungslosen Maulwurfhügel zusammengeschrumpft ist. Setze den Prozess so lange fort, bis du dich glücklich und sorgenfrei fühlst.

Du kannst auch der Situation und den daran beteiligten Menschen vergeben. Das rückt sie in ein neues Licht und bewirkt, dass sie allmählich geklärt wird, bis der Prozess der Vergebung abgeschlossen ist. Auch hier hast du eine Wahl. Du kannst einen anderen Menschen anklagen und ihm die Dinge zur Last legen, die du dir selbst zur Last legst, oder du kannst vergeben und euch beide befreien. Auf diese Weise vergibst du durch deine Vergebung auch dir selbst. Du kannst auch die Worte „Ich will mir diese Dinge nicht zur Last legen" wiederholen, bis du deine Freiheit und deine Unbeschwertheit wieder erfahren kannst. Diese Übung kannst du so lange durchführen, bis du dich nicht mehr an die Situation erinnern kannst.

Körperliche Schmerzen zeugen von emotionalem Schmerz, der durch den zerschlagenen Traum eines Götzen ausgelöst wurde. Der emotionale Schmerz wurde auf den Körper projiziert, aber seine Quelle liegt in uns. Ein Götze zeigt, dass wir in hohem Maße anhaften, denn ohne Anhaftung können wir unmöglich leiden.

Eine weitere Heilmethode, die du anwenden kannst, ist das Loslassen. Du erkennst, dass jeder Schmerz, den ein anderer

Mensch dir vermeintlich zugefügt hat, dazu dient, Trennung und Distanz aufrechtzuerhalten, und zwar nicht nur zu dem Menschen, gegen den du den Groll hegst, sondern zu allen Menschen. Was du einem anderen Menschen zur Last legst, das legst du allen zur Last und erschaffst damit eine Distanz, die das Gegenteil von Liebe und Nähe ist. Lege deinen alten Schmerz in die Hände des HIMMELS. Für den HIMMEL ist er nur eine Illusion. Für dich ist dieser Schmerz dagegen eine Anhaftung, die du in dir trägst und die dich daran hindert, den nächsten Schritt zu gehen. Du willst auf diese Weise ein Bedürfnis aus einer Vergangenheit befriedigen, die bereits vergangen ist. Das verletzt dich nicht nur, sondern hindert dich auch daran, voll im Jetzt zu leben. Lege deine Bedürfnisse und Anhaftungen so lange immer wieder in die Hände des HIMMELS, bis du dich frei und im Frieden fühlst.

Jede Situation, in der du glaubst, durch einen anderen Menschen gelitten zu haben, spiegelt Erfahrungen wider, die du schon einmal gemacht hast. Es gibt Vorgeschichten aus deiner Ahnenvergangenheit und aus vergangenen Leben, die bestimmen, was in diesem Leben geschieht. Stelle dir vor, dass du diese alten Muster herunterschmilzt, bis nur noch ihre reine Energie übrig ist, und diese Energie dann wieder aufnimmst, damit sie zu deiner inneren Ganzheit beitragen kann. Wiederhole diesen Prozess, bis du tiefen Frieden empfindest. Angst sperrt den Schmerz in uns ein, weil wir mit ihrer Hilfe weiteren Schmerz verhindern und die Angst vor unserer Lebensaufgabe und dem nächsten Schritt in unserem Leben verringern wollen. Das erscheint töricht, wenn wir es näher betrachten. Du kannst dich mühelos von Angst befreien, indem du Worte der Kraft aus *Ein Kurs in Wundern* so lange mit großer Entschlossenheit wiederholst, bis du in Frieden bist: „Ich lege die Zukunft in GOTTES HAND"

(Ü-I.194). Unsere Angst rührt daher, dass wir versuchen, in der Zukunft zu leben. Du kannst auch folgende Worte der Kraft sprechen, um die Zwiebel der Angst zu häuten, bis sie sich aufgelöst hat: „Ich ruhe in GOTT" (Ü-I.109). Wenn du dich immer wieder neu dafür entscheidest, lösen sich die Vergangenheit und die Zukunft auf und alles, was bleibt, ist die Freude des *Jetzt*.

Eine Verletzung, ganz gleich welcher Art, bedeutet immer, dass dein Ego ein Selbstkonzept entwickelt hat, das auf Trennung beruht und aus dem heraus deine schmerzhaften Emotionen entstehen. Du kannst sie viel leichter loslassen, wenn du erkennst, dass du diese Glaubenssätze über dich selbst als Krücken benutzt hast, von denen du nur glaubtest, dass du sie brauchst. Wenn deine Krücken zerbrechen und du nicht weiterkommst, weil deine Selbstkonzepte ein Hindernis sind, das dich von anderen Menschen fernhält, dann erkennst du, dass es Heilung braucht. Das Ego und seine Selbstkonzepte können dich nicht tragen, weil Selbstkonzepte, wie alle Abwehrmechanismen, das herbeiführen, was sie verhindern sollten. Sie sind Kompensationen, die das überdecken, was dich durch Trennung verletzt hat. Außerdem führen sie zu einem gespaltenen Bewusstsein, weil sie nach Erfüllung, gleichzeitig aber auch nach Unabhängigkeit streben. Nun kannst du jedes Selbstkonzept gegen Liebe, Freude und Kreativität eintauschen, denn tief in deinem Inneren bist du Teil der LIEBE GOTTES, durch die ER dich geschaffen und seine LIEBE, Freude und Schöpfung mit dir geteilt hat. Bei jedem Selbstkonzept, das du eintauschst, indem du es in die HÄNDE GOTTES legst, fallen die mit jedem Glaubenssatz über dich selbst verbundene Bedürftigkeit, Aufopferung und Dissoziation fort. Das befreit dich von den Bedürfnissen des Egos und dem nie endenden Bemühen, sie zu erfüllen. Du kannst den Glauben des Egos loslassen, dass du dich aufopfern, zum Opfer machen und unabhängig sein musst, damit du glücklich sein kannst.

Lege deinen Schmerz mit wundergesinnter Vergebung auf den ALTAR DER WAHRHEIT, weil aller Schmerz letzten Endes eine Illusion ist. Gehe den Weg der Heilung und erkenne, dass die Wahrheit dich aus diesem Albtraum befreit und in einen glücklichen Traum hineinführt. Je weiter du vorangelangst, umso mehr erkennst du, dass der Albtraum nur eine Illusion war, die niemals so geschehen ist, wie du es geglaubt hast.

Es ist GOTTES WILLE, dass du in Sicherheit, ganz und geheilt bist. Verbinde deinen Willen mit dem WILLEN GOTTES und bitte darum, dass alle Illusionen durch Wahrheit und Liebe ersetzt werden.

14

Der Gral

Als hochsensibler Mensch hast du dich naturgemäß auf eine Suche der höchsten Ordnung begeben. Du kannst dich durch Verletzung kleinmachen und vorgeben, wie alle anderen zu sein, oder dich auf die Suche nach dir selbst begeben und den Weg nach Hause finden. Der Gral ist ein Symbol für die Suche nach dem höchsten Erfolg sowohl in spiritueller Hinsicht als auch in der Welt. Es braucht eine einsgesinnte Ausrichtung und Reinheit des Herzens, um sie zu vollenden. Sie führt uns über unsere Lebensaufgabe hinaus zur höchsten Ebene unserer Bestimmung, die darin besteht, aus der Traumwelt, die uns umgibt, ins PARADIES hinein zu erwachen. Die vollkommene Welt des PARADIESES ist eine Welt der Unschuld, die damit beginnt, dass wir uns für alles vergeben, was wir getan und unterlassen haben. Auch in unseren Schuldzuweisungen, in unserem Groll und in dem, was andere Menschen uns unserer Meinung nach angetan haben, liegt heimliche Schuld verborgen.

Unser Geist ist in Fantasie und Illusion gefangen und wir sind aufgerufen, ihn auf das auszurichten, was wirklich einen Wert besitzt, anstatt ihn an das zu vergeuden, was wertlos ist. Dazu müssen wir unseren Geist wie ein Lichtskalpell einsetzen, das den Müll und die Einflüsterungen einer bedeutungslosen Welt durchschneidet. Das ist und bleibt lebenslang unser Ziel, ganz gleich, welche Stellung oder Bewusstseinsstufe wir erreichen.

Der erste entscheidende Aspekt ist die Frage, wonach wir bei dieser Suche streben wollen. Normalerweise streben wir nach Dingen, die uns erfüllen und glücklich machen. Um das Glück zu verwirklichen, müssen wir den Unterschied zwischen Liebe und Bedürfnissen erkennen. Wenn wir geben, empfangen oder einem anderen Menschen helfen, verbinden wir uns und steigen zur nächsten Stufe auf. Wenn wir schwelgen und nur auf unser Vergnügen aus sind, stellt sich zwar vielleicht ein Moment der Erfüllung, aber ebenso rasch auch wieder Leere ein. Über kurz oder lang finden wir heraus, dass wir Frieden erlangen wollen, und machen ihn zu unserem einzigen Ziel, denn Frieden ist die erfüllendste und aufregendste Erfahrung, die es gibt. Frieden ruft alle guten Dinge auf den Plan. Er ist der pfadlose Pfad, der uns nach Hause bringt. Er kommt von selbst und wirkt anregend, ohne äußere Dinge zu benutzen. Echter Frieden kann niemals verloren gehen, wenn sich die äußere Welt ändert.

Eine Voraussetzung für den Frieden ist geistige Disziplin, sodass wir keine Zeit an unwichtige Dinge vergeuden. Es gibt Worte der Kraft, die unseren Geist beruhigen oder ihn dem Ego entreißen können. Ich schaue mir einfach an, was mich ablenkt, und stelle dann fest: „Dieser Gedanke ist Ausdruck eines Zieles, das mich davon abhält, meine Lebensaufgabe zu erfüllen." Alles ist Ausdruck eines Gedankens und kann seine Anziehungskraft verlieren, je häufiger du diese Worte aussprichst. Wenn du sie fünfzehn bis zwanzig Minuten lang meditativ wiederholst, kann dein Geist so still werden wie ein spiegelglatter See. Wenn du Frieden erlangt hast, kannst du um Weisung, um deine Aufgabe oder einfach um den nächsten Schritt bitten: „Dieser Gedanke ist Ausdruck eines Zieles,

das mich davon abhält, meine Lebensaufgabe zu erfüllen."
Du kannst diese Worte benutzen, um dich von Ablenkungen, sexuellen Fantasien, Essensgewohnheiten oder Süchten zu befreien. Diese Dinge rauben dir die Energie und führen dazu, dass du dich lustlos und sogar schuldig fühlst. Nutze deine Lebenskraft, um eine größere Lebenskraft zu erzeugen und anzuziehen. Stärke die schöpferische Kraft deines Geistes für den Reiz einer heiligen Begegnung. Eine heilige Beziehung ist eine so tief greifende Begegnung mit einem anderen Menschen, dass sie von Gnade durchströmt ist. Sie kann alle üblichen Grenzen überschreiten und eine eigene Welt der Liebe erschaffen, in die jeder eingeladen ist. Sie kostet dich weder Anstrengung noch erschöpft sie dich. Es ist eine Lebensweise, die dir die Pforte zum HIMMEL auf Erden und dann zum HIMMEL selbst eröffnet. Eine heilige Beziehung ist dem Glück und der Ganzheit gewidmet, die das Glück bringt. Sie strebt weder nach Besonderheit oder Vorrang noch erwartet sie, dass andere Menschen unsere Bedürfnisse erfüllen oder uns glücklich machen. Sie bedeutet, dass wir unseren Geist und unsere Beziehungen dem HIMMEL übergeben, statt dem Ego die Führung zu überlassen.

Unser Geist ist das Werkzeug, das unsere Filme in dieser Traumwelt dreht. Jede Trennung hat Bedürfnisse, Schmerz und Illusionen entstehen lassen. Sei dir deiner fehlgeleiteten, dunklen oder destruktiven Gedanken bewusst und lege sie auf den ALTAR DER WAHRHEIT. Bitte bei allen dunklen, entmutigenden oder zwanghaften Gedanken um die Hilfe des HIMMELS. Du hast das Recht, um alles zu bitten, was du brauchst, weil der HIMMEL es bereits gegeben hat und deine Bitte die Wunder des HIMMELS willkommen heißt. Was du säst, das erntest du, und wenn Themen aus unterbewussten oder unbewussten Ebenen an den Tag kommen, setze die

Kraft deines Geistes ein, um in einem ersten Schritt deinen Frieden wiederzuerlangen. Wenn er sich eingestellt hat, gehe tiefer hinein in dem Wissen, dass du alte oder uralte Selbstkonzepte, die dunkle Situationen in deinem Leben erschaffen haben, auflösen kannst, indem du diese oder andere Worte der Kraft rezitierst: „Ich ruhe in GOTT" (*Ein Kurs in Wundern*, Ü-I.109). In SEINER allumfassenden LIEBE zu dir wird ER für deine Sicherheit und dein Glück sorgen.

Werde zu einem Kanal des Lichts. Frieden bringt Liebe, Fülle, Gesundheit und Freude. Segne die Welt mit Frieden. Er lässt dich deine Unschuld erkennen. Er kann dich bis in den HIMMEL führen. Deine endgültige Bestimmung ist es, im EINSSEIN der liebenden Arme GOTTES in den Gefilden der Freude zu ruhen. Dein Geist ist das Werkzeug, um diesen inneren Zustand zu erreichen. Stelle dir das Glück vor, das du auf dem Weg zu einer solchen Freude erfährst. Jede Spaltung deines Bewusstseins wird geheilt, wenn der Frieden die Illusion der Trennung auflöst, die den Schmerz und die Bedürfnisse hervorgerufen hat. Mühelose und tiefgreifende Heilung geschieht, wenn du dich erneuerst und so die kraftvollen Gaben zurückerlangst, die du im Laufe der Zeit verloren hast. Strebe nach dem Gral. Erlange ein so hohes Maß an Reinheit, dass du das Licht in jede Situation hineinträgst, in der du dich befindest. Deine Freude und deine Macht nehmen exponentiell zu. Mache den Frieden GOTTES zu deinem einzigen Ziel. Du kannst allem, was du siehst und berührst, die Liebe GOTTES schenken und dich daran erinnern: Wenn du dich dem Weg des HIMMELS verpflichtest, gewährt er dir allen Schutz, den du brauchst. Dein Leben entwickelt sich sanft und mühelos in die Gegenwart hinein und im ewigen Jetzt fließt du über vor Freude. Du bist ein Wegbereiter für die Menschen in deiner Umgebung, denn du hinterlässt einen Pfad, dem andere folgen können.

15

Die Dinge, denen wir uns alle stellen müssen

Alle Menschen werden mit Verlust, Herzensbruch und Mangel in irgendeiner Form konfrontiert. Worauf es ankommt, ist, wie wir uns diesen Dingen stellen. Auch hochsensible Menschen müssen wie der Rest der Welt mit Krankheit oder Verletzungen umgehen. Es kann ihnen schwerer fallen als anderen Menschen, aber auch leichter mit der Kraft einer spirituellen Grundhaltung. Hochsensible Menschen können rasch in Negativität, Neurose und Selbstangriff versinken. Sie besitzen aber ebenso die Fähigkeit, ein Licht in die Welt zu tragen, das die Welt nicht geben kann. Sie sind gekommen, um zu erlösen und durch Rettung etwas über Erlösung zu lernen. Dieses Licht übt eine größere Anziehungskraft aus als der Glanz der falschen Anziehung, den die Welt ausstrahlt. Das Licht strahlt hell durch die Liebe, mit der du als hochsensibler Mensch es erfüllst. Wenn du diese Gabe annimmst und sie meisterhaft einsetzt, erinnert dich alles an den HIMMEL, der sich in stiller Freude unbegrenzt über die Welt ausbreitet. Die Menschen, auf die du dein Licht leuchten lässt, lassen ihr Licht voller Dankbarkeit auf dich zurückleuchten, so wie du dein Licht auf die Menschen zurückgestrahlt hast, die dich mit ihrem Licht berührt haben. Dein Licht und ihr Licht strahlen gemeinsam als Leuchtfeuer, das andere Menschen aus der Dunkelheit herausführt. Segne die Welt mit deinem von Liebe erfüllten Licht. Es kann alles verändern, weil es die Menschen an den HIMMEL und an das erinnert, was sie wirklich verdienen. Lasse dein Licht also leuchten, damit alte und neue Freunde sich in einem Licht miteinander verbinden, das so unwiderstehlich ist, dass sich die Dunkelheit im Angesicht dieses Lichts auflöst.

16

Wenn du dich antreibst

Du treibst dich an, um Dinge zu erledigen oder um erfolgreich zu sein, weil du bereits das Gefühl hast, versagt zu haben. Dies ist eine Kompensation und reicht niemals aus, um alte, falsche Glaubenssätze über dich selbst zu befriedigen, die aus der Trennung und den daraus resultierenden Gefühlen des Versagens und der Schuld entstanden sind. Für das Ego, das von dem damit verbundenen Stress profitieren will, ist es gleichbedeutend mit Erfolg, weil es seine Selbstkonzepte aufbauen kann, bei denen es sich entweder um Selbstkonzepte des Opfers oder um Kompensationen wie Aufopferung und Unabhängigkeit handelt. Dann bringt das Ego uns dazu, dass wir uns antreiben, um erfolgreich zu sein. Das verstärkt unseren Stress und hat zur Folge, dass wir uns noch mehr antreiben, was nicht nur unserem Erfolg entgegenwirkt sondern auch verhindert, dass wir den Lohn für unseren Erfolg empfangen können. Erfolg würde uns wieder neu verbinden und uns ein höheres Maß an Mühelosigkeit und Selbstvertrauen bringen. Das Ego will seinen eigenen Weg gehen und rechtfertigt diese Tatsache, indem es zum Opfer wird. Es will kontrollieren und Recht haben, um seinen Fortbestand zu sichern, als sei dies der einzige Weg, um voranzukommen und erfolgreich zu sein.

Nimm dir ein wenig Zeit, um dein Leben zu betrachten. Wo treibst du dich an? Tust du es im Beruf? Zu Hause? In deiner Beziehung? Bei deinen Kindern? Um Dinge zu erledigen? In hundert Jahren ist es nicht mehr wichtig, wo du dich antreibst. Wichtig ist vielmehr, welche Bewusstseinsebene du erreichst. Wenn du dich dabei ertappst, dass du dich antreibst, dann mache dir bewusst, dass du nicht nur gegen dich selbst, sondern auch gegen deinen Frieden und gegen die Erhöhung deines Bewusstseins arbeitest.

Frage dich, wo du begonnen hast, dich anzutreiben. Wie sehr wirkt es sich heute in Form von Stress auf dich aus? In Form von Erfolglosigkeit? In welchen anderen Bereichen hat dieser Stress negative Auswirkungen? Ist es das, was du willst? Willst du zulassen, dass das Ego die Tatsache, dass du jemand anderen beschuldigt hast, statt ihm in seiner Not zu helfen, weiterhin als Grund dafür nimmt, dass du dich antreibst? Welche Glaubenssätze und Selbstkonzepte sind aus dieser Situation heraus entstanden? Bitte Maria, die große Mutter, darum, deine Glaubenssätze über dich selbst – und auch deine Abwehrmechanismen und Kompensationen wie Dissoziation, Unabhängigkeit und Aufopferung – mit deinen Gefühlen von Versagen, Schmerz und Verlust zu einer neuen Ganzheit zu verschmelzen. Kehre danach zur ursprünglichen Erfahrung zurück und bitte Maria darum, für dich und alle anderen an der Situation beteiligten Menschen da zu sein und GÖTTLICHE LIEBE, Trost und Weisheit zu bringen. Wie stellt sich die Situation jetzt für dich dar? Statt den Weg der Aufgabe, des Versagens und der Kompensation zu gehen, gehe den Weg des Lebens mit Maria. Erlaube ihr, dein Leben durch ihre Augen neu zu deuten. Wie entwickelt es sich jetzt? Wie sieht es aus, wenn niemand dich angreift, sondern du fähig bist, mit deinen eigenen Gaben und den Gaben des HIMMELS auf andere Menschen einzugehen, weil du ihren Hilferuf erkennst? Lege alle Orte, an denen du dich selbst antreibst, mit wundergesinnter Vergebung auf den Altar der Wahrheit. Es ermöglicht dir, das loszulassen, was nicht der Wahrheit entspricht. Erlaube Maria, die himmlische Beschleunigungstaste zu betätigen, damit du das, was wahr ist, als bereits vollendet sehen kannst. Es ermächtigt dich und lässt dich das, wozu du berufen bist, viel leichter vollbringen. Lasse anschließend zu, dass Maria alles durch dich vollbringt, damit es voller Anmut und Gnade geschieht. Erlaube dir, in Gott zu ruhen. Er weiß, was zu tun ist, damit du aus dieser Traumwelt erwachen und den Erfolg erzielen kannst, der deinen Entwicklungsprozess fördert, statt ihn zu behindern. Erlaube dem Himmel, dein Erfolgs- und Glückscoach zu sein, weil der Geist des Himmels keinen Unterschied zwischen Erfolg und Glücklichsein kennt. Gnade, Mühelosigkeit und Erfolg kennzeichnen den Weg des Himmels. Der Weg zum Glücklichsein ist mit Glücklichsein gepflastert. Wenn du im Hier und Jetzt bist, fällt ein Drittel jeder Last allein dadurch fort, dass du präsent bist. In der Gegenwart genießt du jeden Moment und bist nicht überfordert oder gestresst. Der Reichtum des Lebens wartet hier und jetzt auf dich. Genieße es, ins Jetzt zurückzukehren. Der gegenwärtige Moment birgt sowohl neue Verbundenheit als auch ein Erwachen in Freude in sich.

17

Die Enttäuschung der Welt

Wie oft im Leben hast du dich schon gefragt: „Ist das alles, was es gibt?" Wie oft hast du dich angetrieben, um ein bestimmtes Ziel zu erreichen, dann aber frustriert festgestellt, dass das Erreichen des Ziels nicht die Erfüllung bringt, die du erwartet hast? Viele Menschen machen diese Erfahrung beispielsweise mit Beziehungen, Männern, Frauen, Sex, dem höchsten Universitätsabschluss und in vielen anderen Lebensbereichen.

Wenn etwas nicht so befriedigend ist, wie wir es uns wünschen, suchen wir immer wieder nach einem anderen Ziel, das seine Stelle einnimmt, bis wir aufgeben oder in Desillusionierung, Bitterkeit und Zynismus versinken. Wenn du dir als hochsensibler Mensch das Ziel gesetzt hast, die Welt auf eine höhere Stufe zu heben, ist deine Desillusionierung ein großer Verlust für dich selbst und für die Welt. Wenn ein hochsensibler Mensch sein Herz verloren hat, hat er alles verloren. Wenn du dein Herz verloren hast, hast du die Liebe verloren, die du für deine Lebensaufgabe, deine Bestimmung und deine Beziehung brauchst, damit sie eine Treppe zum HIMMEL sein kann. Du hast den Wesenskern dessen verloren, was dich als hochsensibler Mensch in deiner Bestimmung erfolgreich sein lässt. Desillusionierung heißt, dass du etwas in einen Götzen verwandelt hast. Du hast dich vielleicht auf die Suche nach äußeren Dingen begeben, von denen du dachtest, dass sie dich glücklich machen, die stattdessen aber zu einer Enttäuschung geführt haben. Dies ist ein sicheres Zeichen dafür, dass du einem Götzen nachgejagt bist. Deine Desillusionierung hat zur Folge, dass du glaubst, eine Niederlage erlitten zu haben, und dich als Versager fühlst. Wenn du deine Enttäuschung, Desillusionierung und Depression nicht heilst, wirst du unfähig, zu genießen und Erfüllung zu finden. Du bist aufgerufen, diese Dinge zu heilen, damit du das Herz hast, das notwendig ist, um deine Lebensaufgabe und deine Bestimmung erfolgreich zu leben.

Vor etwa fünfzehn Jahren habe ich folgenden Aphorismus verfasst: „Ob du nicht bekommst, was du willst, oder ob du bekommst, was du willst, du wirst enttäuscht sein." Sechs Monate später las ich die Weisheiten von Buddha und dort hieß es: „Ob du bekommst, was du willst, oder nicht bekommst, was du willst, du wirst enttäuscht sein."

Dein Glück kommt von innen. Es kommt von dem, was du gibst, und nicht von dem, was du bekommst. Das Maß an Liebe und Kreativität, das du gibst, ist das, was dich glücklich macht. Je mehr du gibst und je glücklicher du bist, umso mehr lässt du dein Licht leuchten. *Wenn du keine Erwartungen hast*, kannst du nicht enttäuscht werden. Frustration und Desillusionierung beginnen stets mit einem Bedürfnis, das zu einer Erwartung geworden ist. Immer wenn du glaubst, verletzt worden zu sein, hast du versucht, in irgendeiner Form zu nehmen. Dies liegt üblicherweise unter Verleugnung und unter dem Schmerz der Opferrolle verborgen, ist aber dennoch unübersehbar. Wenn du nehmen willst, wirst du irgendwann verletzt. Das Universum mag langsam oder schnell darin sein, dich diese wichtige Lektion in puncto Schmerz zu lehren. Du lernst sie jedoch nicht, wenn du einem anderen Menschen die Schuld an deinen unerfüllten Träumen und Forderungen zuweist.

Die Anziehungskraft der Welt und aller weltlichen Dinge lässt irgendwann nach. Dies kann eine Folge von spirituellem Wachstum sein, aber auch die aus Enttäuschung und Desillusionierung entstandene Wut des Rückzugs. Spirituelles Wachstum schafft Frieden und Weisheit, während Rückzug dich herabwürdigt und deprimiert. Verpflichte dich deiner Heilung, statt in Kleinheit zu investieren. Lasse deine Verletzungen los und bitte um die Wahrheit. Verletzungen zeugen von verborgenem Angriff, fehlender Selbstverantwortung und der Weigerung, eine Lektion zu lernen. Sie stehen für einen Ort, an dem du Angst davor hattest, den nächsten Schritt zu gehen, weil du befürchtet hast, dem nächsten Stadium nicht gewachsen zu sein. Sie zeigen, dass du sowohl Angst vor Erfolg als auch Angst vor Misserfolg hattest, und zeugen von einem gespaltenen Bewusstsein, das zu einem früheren Zeitpunkt entstanden ist und dich für diese Verletzung anfällig gemacht hat.

Loslassen gibt die Vergangenheit frei und die Wahrheit befreit dich von ihr. Wenn du deine Fehler eingestehst, gibst du deinem höheren Bewusstsein die Möglichkeit, sie zu korrigieren. Wenn du die Vergangenheit nicht freigibst, hast du keinen Raum, um in der Gegenwart zu empfangen. Ohne Loslassen kann es keine Neugeburt geben. Deine Verletzungen zeigen einen anhaltenden Mangel an Vertrauen in die Vergangenheit, der zu Blockaden in deinem Leben führt. Du kannst dich dafür entscheiden, auf dich selbst und auf die Hilfe des HIMMELS zu vertrauen, wenn du die nächsten Schritte in deinem Leben gehst. Vergangene Verletzungen zeigen, wo es dir an Verpflichtung gemangelt hat, und sie spiegeln deine Einstellung des Nehmens wider. Verpflichtung bedeutet, dich rückhaltlos einzubringen. Sie heilt deine Bedürfnisse und bringt dir Erfüllung, während sie dich zugleich öffnet, damit du empfangen kannst. Du kannst Verletzungen und Desillusionierung als Hinweiszeichen auf die Orte nutzen, an denen du unehrlich zu dir selbst warst und auch jetzt noch in Konflikt, Angst, Schuldzuweisung und Schuld gefangen bist.

Du kannst diese schmerzhaften Erfahrungen und negativen Emotionen als Hinweise auf eine ungelernte Lektion und ein Ungleichgewicht in deinem Leben nutzen. Gemeinsam mit dem HIMMEL könntest du alle diese Dinge korrigieren, weil du in Wirklichkeit keine Verwendung für Schuldzuweisungen, Schuld und Angst hast. Herzensbrüche, zerschlagene Träume und Desillusionierung zeigen, dass das Ego den alten Schmerz, den du in dir trägst, auch jetzt noch für seine Zwecke benutzt. Worte der Kraft können dir helfen, die Schichten dieser Falle wie die Häute einer Zwiebel allmählich abzulösen, um die Lektion zu lernen und die darunter verborgene Freude zu offenbaren. Sprich die Worte bewusst und mit großer Entschlossenheit: „Ich habe dafür keine Verwendung!" Wiederhole sie mindestens hundertmal, auch wenn du anfangs keine Veränderung spürst: „Ich habe dafür keine Verwendung!" Wie stellt sich das Problem jetzt für dich dar? Meist ist selbst bei besonders hartnäckigen Problemen spätestens bei der dreißigsten oder vierzigsten Wiederholung zumindest eine kleine Veränderung spürbar.

18

Ich akzeptiere den Weg der Heilung

Der Weg der Heilung ist für alle Menschen wichtig, besonders für hochsensible Menschen aber von grundlegender Bedeutung. Wenn hochsensible Menschen keinen Weg der Heilung gehen und jedes negative Ereignis nutzen, um Heilung zu erlangen, kann ihr Leben sehr schnell aus den Fugen geraten, was zur Folge hat, dass sie leiden. Sie verharren auf dem Weg des Egos, der von Projektion, Schuldzuweisung, Dissoziation und Opferdenken geprägt ist. Wenn du den Weg des Egos gehst, lebst du ein Leben, in dem du – mitunter auf sehr schmerzhafte Weise – Recht bekommst, aber nicht glücklich bist. Das führt dazu, dass du das Ego zu deinem „Gott" erhebst, der es schon immer sein wollte. Auf dem Weg des Egos machst du deinen Partner zu deinem „Sklaven" und wirst von deinem Ego zu seinem Sklaven gemacht. Du beherrschst oder du wirst beherrscht, weil das Ego keine andere Möglichkeit kennt. Wenn das geschieht, hat das Ego dich bereits davon überzeugt, dass du dein Ego bist, und wenn das der Fall ist, kann es sehr lange dauern, bis du erwachst.

Der Weg der Heilung kann dagegen die zahllosen Teufelskreise aus Angriff und Selbstangriff, Angriff und Angst, Angriff und Schuld sowie Angst und Schuld auflösen. Das gilt auch für den Autoritätskonflikt und für alle Emotionen, wenn sie nicht zur Heilung genutzt werden. Sobald Angriff und

Emotionen getrennt werden, können wir sie ganz natürlich nutzen, um Heilung zu erlangen. An der Wurzel jeder Emotion findest du einen grundlegenden negativen Glaubenssatz über dich, der dein Ego ist und dich von dir selbst, anderen Menschen und GOTT trennt. Das Ego erschafft aus schmerzhaften Erfahrungen heraus Glaubenssätze und benutzt diese Glaubenssätze und unsere Emotionen als Ausrede, um sich zu trennen und Selbstkonzepte zu erschaffen. Wenn du einen Weg der Heilung gehst, benutzt du Emotionen und Rückschläge ganz von selbst, um Heilung zu erlangen und dich mit anderen Menschen zu verbinden. Emotionen zeigen dir, was der Heilung bedarf. Sie zeigen dir auch den Glaubenssatz, der immer wieder denselben Schmerz hervorruft.

Wir sind die Urheber aller negativen Situationen. Sie entstehen aus unseren Entscheidungen und aus unseren Glaubenssätzen heraus. Glaubenssätze sind statische Entscheidungen, die sich festsetzen und uns in unserer Wahrnehmung und damit auch in unserer Erfahrung immer wieder beeinflussen. Wir sind für sie verantwortlich. Sobald du erkennst, welcher Glaubenssatz die Negativität hervorgerufen hat, kannst du sie als unwahr loslassen oder dir vorstellen, dass du den Glaubenssatz versenkst, als sei er eine Insel im OZEAN DER LIEBE, die das Ego zu verbergen versucht. Diese LIEBE ist der Teil des OZEANS DER LIEBE, der das EINSSEIN ist. Wenn du den Weg der Heilung akzeptierst, erkennst du, dass aller Angriff und alle Emotionen ein Hilferuf sind. Jeder Angriff, der von dir oder von Menschen in deiner Umgebung ausgeht, zeigt grundlegende Glaubenssätze, die du zum Nutzen aller loslassen kannst. Alles, was du siehst, zeigt Glaubenssätze, die du in dir trägst und die dich von anderen Menschen trennen. Du kannst sie loslassen. Es kann deine Lebensqualität entscheidend verändern.

19

Der verhängnisvolle Fehler

Der verhängnisvolle Fehler ist der innere Aspekt, der dich ins Verderben führt. Es kann ein beabsichtigter, aber auch ein unbeabsichtigt entstandener Aspekt sein. Die unbeabsichtigten Fehler sind in Wirklichkeit eine Wiederholung alter oder uralter Probleme, die dich immer wieder verfolgen. Sie werden vom Ego geplant. Sein Angriff auf dich zeigt, dass es nicht in deinem ureigenen Interesse handelt. Es glaubt törichterweise, dass es deinen Ruin überleben kann. Es lebt in den Zwischenräumen deines Selbsthasses, deines Selbstangriffs und deiner Selbstverurteilung. Es lebt in deinem Abscheu vor dir selbst, in deiner Trennung und in deiner Schuld. Es hat sich in alle deine negativen Gedanken und dunklen Glaubenssätze über dich selbst eingenistet. Wenn du dich dem stellen würdest, was du wirklich von dir selbst denkst, würdest du dich wahrscheinlich von einer Klippe stürzen. Das Ego ist jedoch der „Vater der Lüge" und nichts von dem, womit es dich angreift, birgt Wahrheit in sich. Es erhebt Fehler zu Monumenten der Schuld und zu tödlichen Waffen, die gegen dich selbst gerichtet sind. Es verspricht, dich von aller Negativität zu befreien, versteckt sie jedoch nur hinter Verleugnung, Kompensation und Abwehrmechanismen, wo sie immer weiter an dir nagt und Krankheiten und andere Probleme verursacht. Um ein Problem zu heilen, musst du wissen, worin es besteht. Sobald du es erkannt hast, kannst du es mühelos aus der Welt schaffen, indem du es dem Heiligen Geist übergibst, damit er es für dich aufhebt. Anderenfalls kann es dein Verderben bedeuten und du versäumst die Chance, die dieses Leben dir für deinen Entwicklungsweg in Liebe und Glück bietet.

Diese dunklen und schmerzhaften Aspekte zu heilen heißt, dem ein Ende zu setzen, woran du in diesem Leben anderenfalls leicht zerbrechen kannst. Ein verhängnisvoller Fehler ist eine äußerst gefährliche Verschwörung, die dein Ego gegen dich ins Werk gesetzt hat. Du kannst deine Engel, deine geistigen Führer, deinen Lehrmeister oder einen der anderen Bewohner des Himmels bitten, dass sie dir helfen, deine verhängnisvollen Fehler zu finden, und sie dann sofort dem Heiligen Geist übergeben, damit er sie für dich aufhebt. Wenn du Verantwortung für deine Probleme übernimmst, kannst du um die Hilfe bitten, die stets für dich verfügbar ist. Deine Aufgabe besteht in der Bereitwilligkeit, das zu finden, was du verborgen hast, damit es für dich geheilt werden kann. Es war von Anfang an falsch und du hast einen hohen Preis dafür bezahlt.

Unter jedem Problem und allem Schmerz verbirgt sich ein Angriff, der von dir selbst ausgeht. Er bildet einen Teufelskreis mit Angst, die eine Wurzel jedes Problems ist. Wenn du aber erkennst, dass jeder Angriff, ganz gleich, ob er von einem anderen Menschen oder von dir selbst ausgeht, ein Hilferuf ist, musst du dich nur noch mit der Angst auseinandersetzen. Diese Angst wird durch einen dunklen und negativen Glaubenssatz über dich selbst hervorgerufen. Du kannst alle negativen Glaubenssätze dem Himmel übergeben, damit er sie auflöst. Das Ego wollte dich davon überzeugen, dass diese negativen Selbstkonzepte deine Identität sind, benutzt sie aber in Wirklichkeit, um die Liebe zu verbergen, die deine wahre Identität ist. So wirst du befreit, weil du dein wahres Wesen und deine wahre Identität erkennst. Du kannst alles, was nicht wahr ist, in die Hände des HEILIGEN GEISTES legen.

> Alles, was du IHM gibst, das nicht von GOTT ist, ist fort.
> Doch musst du es dir selbst mit vollkommener
> Bereitwilligkeit ansehen, sonst bleibt SEINE Erkenntnis
> für dich nutzlos.
> *Ein Kurs in Wundern,* T-12.II.10:4-5

20

Im Stadium der Einheit geboren

Als hochsensible Menschen sind wir meist im Stadium der Einheit geboren. Es ist ein Stadium auf der Ebene der radikalen oder spirituellen Abhängigkeit und hier lernen wir erstmals, vollkommen darauf zu vertrauen, dass die Quelle uns führt, leitet und trägt. Doch obwohl wir auf dieser hohen Ebene geboren sind, müssen wir uns mit unserem Verlangen danach auseinandersetzen, eine eigene Egoidentität zu erschaffen. Es entsteht aus dem Schmerz der Trennung und den sich daraus ergebenden Glaubenssätzen, damit wir die Kontrolle übernehmen und unabhängig sein können. In diesem Stadium müssen wir uns außerdem mit unserem Karma auseinandersetzen. Es zeigt sich in unserem Leben in Form der Menschen und Ereignisse, die uns vor Herausforderungen stellen. Jedes dieser Ereignisse ist ein Scheideweg, an dem wir die Wahl haben, unserem Ego oder unserem höheren Bewusstsein zu folgen. Wenn wir in der Vergangenheit dem Ego gefolgt sind, haben wir gelitten. Somit können wir mühelos erkennen, wo wir Angst vor unseren Gaben, unserer Lebensaufgabe und unserer Bestimmung bekommen haben und eine Ausrede brauchten, um uns zu verstecken. Das hat dazu geführt, dass wir unser Licht nicht so haben leuchten lassen, wie wir es versprochen hatten. Wir haben Ereignisse benutzt, um uns zurückzuziehen und uns in schäbiger Kleinheit zu verstecken. Das hatte zur Folge, dass wir aus dem Stadium der Einheit manchmal sogar zurück bis auf die Ebene der Abhängigkeit gefallen sind.

Auf der dunklen Seite liegen im Stadium der Einheit unser Autoritätskonflikt und unsere Widerborstigkeit verborgen. Sie werden zwar meist verleugnet und verdrängt, steuern aber dennoch unser Leben. Traumen, chronische Probleme, Negativität, Unerbittlichkeit, falsche Geisteshaltung, Starrsinn, unsere falschen Götter, die nach wertlosem Tand streben, und unser Kampf mit GOTT sind zwar tief verschüttet, haben aber dennoch eine Auswirkung auf uns. Nur wenn wir erkennen, dass unser Elend und unsere Negativität als Anklage gegen GOTT und als Mittel zum Aufbau oder zur Stärkung unseres Egos gedacht waren, können wir die Aufsässigkeit und die passive Aggression auflösen, die uns zurückhalten. Es kann sehr herausfordernd sein, dieses Maß an Bewusstheit und Spiritualität und die damit einhergehenden Gaben aufrechtzuerhalten. Das hohe Maß an Schmerz, mit dem wir es in diesem Stadium zu tun haben, macht es schwer, die erlösenden Gaben festzuhalten und mit anderen Menschen zu teilen. Wenn wir im Stadium der Einheit geboren sind, durchdringt das kollektive Bewusstsein der Menschheit aus Vergangenheit und Gegenwart jedes unserer Probleme. Es ist sehr schwierig, angesichts solcher Herausforderungen unsere Feinheit und Strahlkraft zu bewahren. Wenn es uns gelingt, besitzen wir ein Maß an Zauber, Geschick und Begabtheit, das die Menschen in unserer Umgebung anzieht und inspiriert. Es kann die ganze Welt segnen und uns den Weg nach Hause weisen, während wir uns zum HIMMEL auf Erden hin entwickeln.

Ein hochsensibler Mensch ist eine Leuchte in der dunklen Welt, ein Engel ohne Flügel, der gekommen ist, um Licht und

Liebe in die Welt hineinzutragen. Er trägt unvergleichliche Gaben in sich, die darauf warten, dass er sie öffnet. Ein Stern, der leuchtet, wenn keine anderen Sterne zu sehen sind, ist der hellste Stern am Firmament. Ein hochsensibler Mensch ist ein strahlendes Licht in einer Welt des Todes. Wenn er aus diesem Stadium hinauskatapultiert wird, ist er aufgefordert, an seiner eigenen Heilung, Gesundung und Wiederherstellung zu arbeiten, damit er zur Heilung, Gesundung und Wiederherstellung der Welt beitragen kann.

21

Fluch und Verfluchung

Eine Verfluchung ist sowohl ein persönliches Muster als auch ein Aspekt des Unbewussten, der deinen Wunsch nach Erfolg, Fülle und Liebe vereiteln kann. Ein Fluch kann auf der Ahnenebene an dich weitergegeben worden sein, kann aber ebenso gut etwas sein, das du aus einem vergangenen Leben mitgebracht hast oder das dir in diesem Leben persönlich widerfahren ist. Wenn du einen anderen Menschen verfluchst, konzentrierst du die Kraft deines Geistes auf ein Gedankenmuster, das den Erfolg des betreffenden Menschen – oder schon die Aussicht auf Erfolg – zerstören oder verhindern soll. Eine Verfluchung kann ein direkter Angriff auf die Gesundheit oder sogar auf das Leben eines anderen Menschen sein.

Die Kahunas der hawaiischen Insel Molokai waren berühmt dafür, dass sie Menschen – manchmal allein wegen einer vermeintlichen Kränkung – zu Tode beteten. Beziehungen, Familien, Gegenstände und sogar das Land können mit einem Fluch belegt werden.

Es ist wichtig, dass hochsensible Menschen sich möglicher Flüche aufgrund von Neid oder Auseinandersetzungen bewusst sind, die auf einer Ahnenebene weitergegeben oder aus früheren Leben mitgebracht wurden. Ebenso wichtig ist es, dass sie sich der Macht ihres eigenen Geistes und ihrer Auswirkungen bewusst sind, denn jeder Gedanke besitzt die Fähigkeit, das zu erschaffen, was in deinem Leben präsent ist. Deine Gedanken haben Auswirkungen auf andere Menschen und auch auf dich selbst. Urteile bringen Leid über dich und über die Menschen, über die du urteilst. Da hochsensible Menschen sehr rasch zu einem höheren Bewusstsein aufsteigen können, kann die Macht ihres Geistes einen enorm starken Einfluss auf die Welt ausüben. Aufschlussreich sind auch Flüche, die gegen sie selbst gerichtet sind, wie beispielsweise: „Da soll mich doch der Schlag treffen!" Sie werden oft aus Überraschung oder Bestürzung geäußert, können aber auch ein Selbstangriff sein.

Frage dich, wie viele Flüche du gegen dich selbst gerichtet hast und wie sie sich auf dich und dein Leben ausgewirkt haben. Ist es das, was du willst? Bitte deine Engel darum, dich von diesen selbstauferlegten Flüchen zu befreien, die aus falsch verstandenen Schuldgefühlen, Selbstangriff oder Wut auf dich selbst herrühren. Frage dich dann, wie oft du von deinen Geschäftspartnern verflucht worden bist. Frage dich, wie oft du von deinem Partner verflucht worden bist. Wie haben sich diese Flüche auf dich ausgewirkt? Wie oft bist du von früheren Partnern verflucht worden? Welche Auswirkungen hatten diese Flüche auf dein Leben? Mit wie vielen Flüchen haben dich Rivalen in der Schule, im Sport, im Beruf oder in Beziehungen belegt? Welche Auswirkungen hatten sie auf dich? Hat dich jemand aus deiner Familie verflucht? Welche Auswirkung hatte es auf dich? Hat jemand deine Familie verflucht? Welche Auswirkungen hatte es auf dich? Hat jemand deine Ahnen verflucht? War es in der Familie deines Vaters oder der Familie deiner Mutter? Wie hat es sich auf dich ausgewirkt? Wurdest du in vergangenen Leben verflucht? Wie hat es sich zur damaligen Zeit auf dich ausgewirkt? Wie wirkt es sich jetzt auf dich aus? Wurdest du vielleicht sogar von einem Dämon, einem Teufel oder einem dunklen Gott verflucht, bei dem es sich in Wahrheit um einen Aspekt deines eigenen uralten Egos handelt? Wie hat es sich damals auf dich ausgewirkt? Welche Auswirkung hat es jetzt? Hast du jemals erlebt, dass das Land verflucht wurde, auf dem du gelebt hast? Wie hat es sich zum damaligen Zeitpunkt auf dich ausgewirkt? Welche Auswirkung hat es jetzt auf dich?

Vielleicht hast du einen anderen Menschen verflucht, weil du glaubtest, dass es eine zerstörerische Wirkung haben würde. Das Maß, in dem du selbst verfluchst, entspricht dem Maß, in dem du glaubst, dass ein Fluch dir schaden kann. Es ist an der Zeit, das jetzt zum Wohl aller zu ändern.

Alles, was wir einem anderen Menschen zufügen, fügen wir uns selbst zu. Der einfachste Weg, dich von einem Fluch zu befreien, ist die Erkenntnis, dass er nicht GOTTES WILLE für dich ist und dass allein GOTTES WILLE wahr und wirklich ist. Kann ein Fluch überhaupt existieren, wenn GOTT ihn nicht geschaffen hat? Er erlangt nur dann Macht und Wirklichkeit, wenn du in ihn investierst. Bitte Christus oder Kuan Yin darum, dich von jedem Fluch und seinen Auswirkungen zu befreien. Nimm anschließend wahr, welche Auswirkungen es auf dein Leben hat, wenn du von diesen Flüchen frei bist.

Gehe die obigen Fragen dann noch einmal durch und überprüfe intuitiv, ob andere Menschen von dir oder deiner Familie mit einem Fluch belegt wurden. Frage dich, welche Auswirkung jeder dieser Flüche auf dich hatte. Bitte Christus oder Kuan Yin darum, die betreffenden Menschen von ihnen zu befreien, und nimm wahr, welche Auswirkung es auf sie und auf dich hat. Frage dich zuletzt, ob du in diesem oder einem anderen Leben jemals GOTT mit einem Fluch belegt hast. Welche Auswirkungen hatte es damals auf dich und welche Auswirkung hat es jetzt auf dich und dein Leben? Bitte darum, von diesem Fluch befreit zu werden, denn er hindert dich daran, die GÖTTLICHE LIEBE, Gaben und Wunder zu empfangen. Bitte darum, dass überall dort, wo andere Menschen von dir oder deiner Familie mit einem Fluch belegt wurden, ihnen jetzt Segen zuteilwerden möge. Das Maß, in dem du andere Menschen verflucht hast, entspricht dem Maß, in dem du die Gabe des Segnens in dir trägst, und dein Segen kann in ebenso hohem Maße zum Wohl anderer Menschen beitragen, wie deine Flüche zerstörerisch waren.

Schließe dich dem HIMMEL an und trage dazu bei, die Welt zu retten. Dein Segen kann eine entscheidende Veränderung bewirken. Segne dich selbst und bitte darum, dass der HIMMEL die Wirkung deiner Segenswünsche überhöhen möge.

22

Mangelnder Selbstwert ist gleichbedeutend mit Schwelgen

Da hochsensible Menschen äußerst empfindsam sind, kann es rasch passieren, dass sie sich zutiefst verletzt, besiegt oder sogar erniedrigt fühlen, obwohl sie gekommen sind, um einen neuen und besseren Weg zu finden. Hochsensible Menschen sind gekommen, um eine Form der Partnerschaft beizutragen, die bis zur Einheit reicht. Sie sind gekommen, um Sex seine Natürlichkeit und Unschuld zurückzugeben. Sie sind gekommen, um äußerst seltene und erlösende Gaben zu bringen. Doch je tiefer wir verletzt werden, umso mehr verlieren wir unseren Selbstwert und neigen dazu, uns selbst zu erniedrigen. Damit sind Versagen und Schuld vorprogrammiert und oft arbeiten wir dann entweder hart oder werden faul. Beides sind übliche Formen der Kompensation für Schuld. Wenn wir nicht empfangen, führen wir ein Leben, das von Aufopferung gekennzeichnet ist. Der damit verbundene Stress und die Tatsache, dass wir nicht empfangen können, führen zu weiterem Stress und großer Belastung. Das Ego ist rasch mit Lösungen bei der Hand, um Stress und Belastung zu lindern, aber seine Ratschläge finden bei den Menschen offene Ohren, denen es an Selbstwert mangelt. Es schlägt Formen des Schwelgens vor, die nur die Vorstellungen des Egos von sich selbst stärken. Schwelgen soll den mit unserer Aufopferung und unserem mangelnden Selbstwert verbundenen Druck lindern, bewirkt tatsächlich aber das Gegenteil. Es führt nicht dazu, dass wir eine bessere Einstellung zu uns selbst gewinnen, sondern bewirkt vielmehr, dass unsere Selbstachtung abnimmt. Damit fördert es den Teufelskreis aus Schwelgen und Aufopferung, der wie jeder Teufelskreis dafür sorgt, dass unsere Selbstachtung immer geringer wird. Wenn wir wenig Selbstachtung haben, glauben wir, unser Schwelgen sei gerechtfertigt, weil wir ein Leben führen, das von Schwierigkeiten geprägt ist. „Was spielt es also für eine Rolle? Ich kann mir ebenso gut etwas gönnen." Das führt jedoch zu Schuld und dann wieder zu Aufopferung, um unsere Schuld zu kompensieren. Es stärkt nicht den Selbstwert, sondern das Gefühl des Versagens. Unseren Selbstwert steigern wir dadurch, dass wir geben und unterstützen, willkommen heißen und empfangen.

Als hochsensibler Mensch bist du dazu aufgefordert, deinen Selbstwert zu stärken. In den Augen des HIMMELS besitzt du einen unschätzbaren Wert und es ist nur die Arroganz des Egos, die uns dazu bringt, ihm und nicht dem HIMMEL zuzustimmen. Wenn du die erlösenden Gaben und die Fülle des HIMMELS auf die Erde bringen willst, brauchst du ein hohes Maß an Selbstwert. Deshalb liegt deine Bestimmung also zu einem großen Teil darin, deinen Wert zu erkennen und deinen Selbstwert zu steigern, indem du liebst, hilfst und an deiner Heilung arbeitest. In dem Maße, in dem du deinen eigenen Selbstwert erhöhst, beziehst du immer mehr Menschen ein, weil du ihren Wert erkennst. Verpflichte dich dazu und bitte darum, dass dir gezeigt werden möge, wie du den Wert jedes Menschen noch mehr erhöhen kannst.

23

Was Kommunikation verhindert

Kommunikation findet in jedem Augenblick statt. Unsere Körpersprache, unser Tonfall, unterschwellige und energetische Botschaften, was wir tun, was wir sagen (obwohl die Forschung zeigt, dass die verbale Kommunikation nur 7 % ausmacht) und was uns widerfährt, sind alles Aspekte der Botschaften, die wir wichtigen Menschen in unserem Leben übermitteln. Einige Botschaften leugnen wir auch und das sind die Botschaften, die unser Unterbewusstsein und unser Seelenbewusstsein aussenden. Auch unser wahres *Sein*, der reine Geist, der wir in Wirklichkeit sind, kommuniziert. Es sendet Liebe, Licht und andere Dinge aus, die wir teilen und zu denen zum Beispiel unsere Gaben gehören. So wurden wir geschaffen. Weil wir aber viele Leben lang in unser Ego investiert haben, haben wir den Ozean der Liebe und das Einssein, das der Himmel ist, nahezu vollständig überdeckt. Wenn wir im Bewusstsein wachsen, können wir mit einigen dieser Selbstkonzepte aufräumen und uns für unsere Gaben, unsere Lebensaufgabe, unsere Bestimmung, Führung und die Gnade öffnen, die stets für uns verfügbar ist.

Dazu müssen wir unsere Glaubenssätze loslassen, bei denen es sich um Selbstkonzepte handelt, die unser Ego ausmachen. Wir haben deshalb so viel von uns selbst in unser Ego investiert, weil es der Trennung bedurfte, um diese

Selbstkonzepte zu erschaffen, und Trennung ist gleichbedeutend mit Schmerz, Stress, Widerstand, einem gespaltenen Bewusstsein, Angst, Schuld, Verletzung, Unwürdigkeit und Verlust. Alle Dinge, in die wir in so hohem Maße investiert haben, sind uns lieb und teuer, auch wenn es Fehlschöpfungen sind. In *Ein Kurs in Wundern* heißt es, dass der Götze der Selbstkonzepte derjenige ist, dem wir am stärksten verhaftet sind und von dem wir meist nicht einmal wissen, dass er existiert.

Kommunikation erzeugt Spannung und gibt uns die Möglichkeit zu lernen. Wir können Brücken zu anderen Menschen schlagen und uns verbinden, sodass Mühelosigkeit und Fluss entstehen. Der HIMMEL kennt nur Kommunikation ohne Hindernisse. Sie führt zur höchsten Form der mystischen Kommunikation, die gleichbedeutend mit Kommunion ist. Wo wir in Kommunion sind, dort gibt es nur Freude und gegenseitige Teilhabe. Unser *Sein* ruht im SEIN oder in GOTT, der immer nur gibt. Wenn wir lernen, so zu geben, wie GOTT gibt, sind wir immer im Zustand der Freude. Das Ego fragt ständig: „Was ist mit mir?" Es will Grenzen und Begrenzungen errichten, um zu verhindern, dass ihm etwas genommen wird, während es selbst heimlich nimmt. Es hält uns in Aufopferung, Rückzug und Enttäuschung gefangen. Das Ego wirft uns den Wölfen zum Fraß vor, weil es seine Macht am schnellsten dadurch ausbauen kann, dass es uns zum Opfer macht. Die Trennung, die wir in aufwühlenden Situationen erfahren, zeigt uns den Schmerz, den das Ego benutzt hat, um seine Position zu stärken. Dennoch will es sich für das dadurch verursachte Leiden an uns rächen. Wir haben die Möglichkeit, den Anteil unseres Egos aufzulösen, der geizig ist und seinen Willen durchsetzen will, um seine Bedürfnisse zu erfüllen und seine Besonderheit zu schützen.

Natürlich sind aufwühlende Situationen nie angenehm, aber wenn wir erkennen, dass sie eine Chance sind, die Mauern des Egos zumindest teilweise aufzulösen und durch Liebe und Verbundenheit zu ersetzen, dann können wir mit ihrer Hilfe einen großen Schritt vorangelangen. Wenn wir verärgert sind, werden wir wütend und selbstgerecht, weil jemand – zumindest aus unserer Sicht – falsch gehandelt hat. Es ist das Ego, das reagiert und sich gekränkt oder schlecht behandelt fühlt.

Es gibt eine Reihe von Möglichkeiten, unsere Heilung anzugehen. Die erste Möglichkeit besteht in der Erkenntnis, dass Angst an der Wurzel aller Probleme und Emotionen liegt. Wenn du es mit einem Problem oder einer Emotion zu tun hast, erstelle eine Liste aller Ängste, die dir in den Sinn kommen. Fühle jede Angst und folge ihr bis zu den Selbstkonzepten, die sie nähren. Erstelle dann eine Liste der Selbstkonzepte. Stelle dir vor, dass es sich bei diesen Selbstkonzepten um Inseln handelt, die im OZEAN DER LIEBE treiben. Es sind die Illusionen, die von Kleinheit oder Größenwahn herrühren. Segne jede Insel mit der Wahrheit und bitte die Engel darum, sie im OZEAN DER LIEBE zu versenken und aufzulösen. Das erschließt dir neue Ebenen des Gebens und Empfangens und bewirkt, dass du offener wirst und mehr Interesse am Leben hast.

Jeder Mensch trägt einen ALTAR DER WAHRHEIT in sich. Lege die Emotionen und die Menschen, die dich aus dem Gleichgewicht gebracht haben, auf deinem Altar ab. Lege deine und ihre Selbstgerechtigkeit und deinen und ihren Angriff ebenso auf dem Altar ab wie den Selbstangriff, für den deine Aufgewühltheit steht. Lege auch die Vergebung auf deinem Altar ab. Drücke die auf dem Altar befindliche himmlische Beschleunigungstaste, um unmittelbare Ergebnisse zu erzielen. Achte weiterhin auf deine Emotionen und deine Gedanken im Hinblick auf die an der Situation beteiligten Menschen, damit du bei Bedarf noch einmal zu deinem A<small>LTAR DER</small> W<small>AHRHEIT</small> zurückkehren kannst.

24

Der Altar der Wahrheit

Der ALTAR DER WAHRHEIT ist eine wunderbare Heilmethode, die Probleme rasch lösen kann. Er hat die Macht des HIMMELS hinter sich, denn er wird auch als der ALTAR GOTTES bezeichnet. Er befindet sich im Zentrum unseres Geistes, dort, wo sich der Tempel unseres Geistes befindet, und im Zentrum dieses Tempels. Lege zunächst deine Probleme nacheinander neben der wundergesinnten Vergebung auf dem Altar ab. Du kannst diese Methode auch bei Menschen anwenden, mit denen du Probleme hast. Wenn du dich mit einem anderen Menschen in einem Konflikt befindest, kannst du ihn, dich selbst und den Konflikt auf dem ALTAR DER WAHRHEIT ablegen. Wenn du unmittelbare Ergebnisse erzielen möchtest, kannst du die auf dem Altar befindliche himmlische Beschleunigungstaste drücken. Dies kann eine sehr heilsame Wirkung haben und besonders für hochsensible Menschen ein großer Segen sein.

Du kannst diese Methode der Heilung jeden Tag einsetzen, damit sich dein Leben in Wahrheit, Freiheit und Glück entfalten kann. Du kannst jeden Tag eine Situation auf dem ALTAR DER WAHRHEIT ablegen, in der jemand vermeintlich dein Gegenspieler ist, weil das Ego ständig über bestimmte Selbstanteile urteilt, sie verdrängt, abspaltet und projiziert. So kannst du diese Anteile zurückgewinnen und ein neues Maß an Integrität, Ganzheit und Wahrheit erlangen. Du kannst auch eine Gabe auf dem Altar der Wahrheit ablegen, die du in einem anderen Menschen wahrnimmst und selbst nicht zu besitzen glaubst. Wenn du die Gabe wahrnehmen kannst, trägst du das Potenzial dieser Gabe in dir und es wartet nur darauf, dass du es willkommen heißt, damit es sich entwickeln kann. Wenn du Selbstanteile zurückgewinnst, die du verurteilt hattest, wachsen deine Liebe und dein Frieden ebenso wie deine Fähigkeit zu geben und zu empfangen. Vor allem negative Aspekte oder einfach nur Unterschiede, die du in deinem Partner und deiner Familie siehst, können mühelos geheilt werden. Du verbindest dich in höherem Maße mit dem betreffenden Menschen, aber auch mit dir selbst, sodass die Schuld ausgelöscht wird und Selbstliebe entsteht. Du kannst es zu einer Gewohnheit machen, mühelos Heilung zu erlangen und dadurch in deiner Entwicklung voranzuschreiten.

25

Verantwortung übernehmen

Wenn du – egal ob als hochsensibler oder als normalsensibler Mensch – einen Weg der Heilung eingeschlagen hast, spielt das Prinzip der Verantwortung eine Schlüsselrolle, denn sie ist die Alternative zur Schuld. Verantwortung hat eine weitreichende Wirkung, da sie mit allem, was sie umfasst, bis in die Tiefen des Unbewussten hinabreicht.

Es gibt eine Ebene der Reife, die wir ohne Verantwortung nicht erreichen können. Wenn du die Verantwortung für deine Gedanken, deine Emotionen, dein Verhalten und für alles übernimmst, was dir selbst und allen Menschen in deiner Umgebung widerfährt, begibst du dich dagegen auf einen Weg, der dich von Schuld befreien kann. Stelle dir vor, dass du die Verantwortung für dein gesamtes Leben übernimmst, deine Kindheit eingeschlossen, und auch für alles, was jemals in deinen Beziehungen geschehen ist. Stelle dir vor, dass du für alles die Verantwortung trägst, was du jemals getan hast und was dir widerfahren ist. Stelle dir vor, dass du für alles die Verantwortung trägst, was deiner Familie und deinen Freunden widerfahren ist, für alles, was dir an deinem Arbeitsplatz widerfahren ist, und sogar für alles, was in der Welt geschieht. Das Prinzip der Verantwortung deckt alle deine Fehler und Fehlschöpfungen auf und zeigt dir, wo du dich auf die Seite deines Egos gestellt hast, ohne dass du dich schuldig fühlen oder selbst angreifen musst.

Verantwortung bringt viele unschätzbare Vorteile mit sich. So gibt sie dir zum Beispiel die Fähigkeit zurück, auf dich selbst, auf andere Menschen und auf den HIMMEL einzugehen. Sie gibt dir auch deine Macht und dein Selbstvertrauen zurück. Sie ist das Gegenteil der Opferrolle, die wir benutzen, um uns zu trennen und uns an anderen Menschen zu rächen. Immer wenn wir ein schmerzhaftes Opferereignis nicht nutzen, um Heilung zu erlangen, entsteht Schuld und Schuld führt dazu, dass wir uns selbst bestrafen. Auch wenn wir uns aus irgendeinem Grund schlecht fühlen, empfinden wir Schuld und bestrafen uns dafür. Dadurch wird ein Teufelskreis in Gang gesetzt, der uns in Negativität, Schwäche und dem Gefühl, ein Opfer zu sein, festhält. Schuld ist das Strafvollzugssystem des Egos. Wenn hochsensible Menschen sich weigern, auf seine Pläne hereinzufallen, ist jedes schmerzhafte Ereignis eine Chance, ein höheres Maß an innerem Frieden und Ganzheit zu erlangen. Wenn du erkennst, dass Schuld dich festhält, obwohl du schuldlos bist, dann erkennst du auch, dass in Wirklichkeit niemand Schuld hat. So können Lösungen viel rascher gefunden werden. Fehler lassen sich viel leichter berichtigen, als die Schuld durch Verdrängung und Projektion anderen Menschen zuzuweisen. Ohne Schuld gibt es kein Problem. Verantwortung zu übernehmen ist das Lösungsmittel, der erste Schritt, um dich selbst und andere Menschen zu befreien. Ohne Opferereignisse erkennst du, dass du, wie es in *Ein Kurs in Wundern* heißt, jedem und allem, was du siehst oder berührst oder woran du dich erinnerst, sowohl deine Liebe als auch die LIEBE GOTTES bringen kannst. Du erkennst, dass du das Drehbuch deines Lebens selbst geschrieben hast und dass alle schmerzhaften Ereignisse nur Teil der Verschwörung waren, die du gegen dich selbst geschmiedet hast, weil du Angst vor dir selbst und vor deiner Lebensaufgabe hattest. Verantwortung gibt dir die Macht, Schmerz und Fehler in deinem Leben zu berichtigen. Ein höheres Maß an Verantwortung lässt dich die Macht akzeptieren, auch den Schmerz im Leben anderer Menschen zu berichtigen.

Antwortfähigkeit ist der Schlüssel zu Ermächtigung und Nähe. Deine eigene Ermächtigung kann andere Menschen ermächtigen und Nähe verbindet dich mit ihnen. Deine Heilung bringt dich wieder auf den richtigen Weg, sodass du dann mit Autorität anderen Menschen helfen kannst, ebenfalls auf ihren Weg zurückzufinden.

Wir alle befinden uns auf einem Weg der Heilung, ganz gleich ob es uns bewusst ist oder nicht. Er soll uns zur Ganzheit zurückführen, denn die Ganzheit des Geistes bedeutet sowohl Unschuld als auch Macht. Wenn ein hochsensibler Mensch die Vorstellung von Schuld loslässt, die das Ego am Leben erhält, kann er mühelos seine inneren Gaben öffnen und die Kraft der Erlösung empfangen, die der HIMMEL für alle Menschen bereithält. Dann wird das Leben mühelos und schön. Es wird zu dem Kunstwerk, zu dem es bestimmt war. Ein hochsensibler Mensch kommt in die Welt, um sein Leben zu einer Pforte zu machen, durch die andere Menschen Zuflucht, Transzendenz und den HIMMEL auf Erden finden. Das Leben eines hochsensiblen Menschen soll von Mut erfüllt sein und andere Menschen inspirieren. Es ist dazu bestimmt, mit der Zugkraft der Wahrheit und der Einbeziehung aller zu leuchten. Es ersetzt Naivität durch Arglosigkeit und Urteile durch Unterscheidungsfähigkeit. Es heißt in einer Weise willkommen, die bis zum HIMMEL hinaufreicht. Die Strahlkraft eines hochsensiblen Menschen ist dazu bestimmt, den

Weg zum HIMMEL zu erhellen. Und Verantwortung heißt die Macht und die Heilung wieder willkommen, die ein Leuchtfeuer für andere Menschen sind.

Der erste Schritt besteht darin, die Verantwortung für dein Verhalten und deine Emotionen und danach für deine Gedanken und das zu übernehmen, was dir widerfährt. Übernimm anschließend die Verantwortung für die Menschen in deinem Umfeld, da sie für grundlegende Glaubenssätze über dich selbst stehen, die du projiziert hast. Im nächsten Schritt kannst du die Verantwortung für eine Situation in immer weiteren Kreisen ausdehnen. Die folgenden Schlüsselfragen unterstützen dich darin, Verantwortung zu übernehmen. Wenn Schuldgefühle aufkommen, danke deinem Ego für die zusätzliche Energie und löse sie in dein höheres Bewusstsein hinein auf.

In welcher Weise dient es mir?
Welchen Zweck erfüllt es für mich?
Wofür benutze ich es?
Was erlaubt es mir zu tun?
Was brauche ich nicht zu tun?
Welche Ausrede liefert es mir?
Welches Bedürfnis versuche ich erfüllt zu bekommen?
Vor welcher Angst will ich mich schützen?
Wovor fürchte ich mich, wenn ich den nächsten Schritt gehe?
Welche Schuld will ich tilgen?
Was will ich durch dieses Ereignis beweisen?

Die Antworten auf alle diese Fragen können dir zeigen, wo dein Ego dich in der Hand hat. Alle Antworten geben dir die Möglichkeit, eine neue Entscheidung zugunsten der Wahrheit zu treffen. Wenn du bereit bist, einen weiteren Schritt zu gehen, trittst du zugleich in ein neues Stadium der Verantwortung und der Antwortfähigkeit ein. Sobald du beginnst, dich selbst einzubeziehen, beginnst du auch andere Menschen als Teil deines Teams einzubeziehen, bis die ganze Welt und alle Menschen, die jemals gelebt haben, zu deinem Team gehören, weil mit deiner Verantwortung auch deine Antwortfähigkeit zunimmt. Deine Antwortfähigkeit bringt Vergnügen, Spaß und Nähe. Du kannst sie willkommen heißen.

26

Posttraumatische Belastungsstörung

Eine posttraumatische Belastungsstörung (PTBS) entsteht durch einschneidende Erlebnisse, die wir emotional und psychologisch nicht vollständig verarbeitet haben. Diese Erlebnisse können zur Folge haben, dass wir permanent gestresst und angsterfüllt sind und uns nicht entspannen können. Eine posttraumatische Belastungsstörung kann uns auf eine Weise in der Vergangenheit festhalten, die unser Leben, unsere Beziehungen und unsere Arbeitsfähigkeit beeinträchtigt. Wir tragen eine schwere Last, ziehen uns zurück und können damit Partner, Familie, Freunde und Arbeitgeber befremden.

Wie bei allem Schmerz und allen Problemen liegen auch die Wurzeln der PTBS in der Vergangenheit. Die damit verbundenen Emotionen rühren daher, dass die Vergangenheit in die Gegenwart eindringt. Wir leben so, als könne die schmerzhafte Vergangenheit sich jederzeit in der Gegenwart wiederholen. Eine posttraumatische Belastungsstörung geht mit einer Reihe von verborgenen Dynamiken einher. Die erste Dynamik ist Angst, in Erscheinung zu treten, und Angst vor unserer Lebensaufgabe. Wir glauben, dass wir unsere Lebensaufgabe nicht erfüllen können, während unsere Seele davon überzeugt ist, dass wir es können, denn sonst hätte sie diesen Auftrag nicht angenommen. Es geht nur darum, diese gegensätzlichen Anteile des Bewusstseins zu integrieren, sodass der Frieden, der sich dadurch einstellt, uns ein neues Maß an Selbstvertrauen bringen kann. Das Ego hat recht, wenn es dir ins Ohr flüstert: „Du kannst deine Lebensaufgabe nicht erfüllen." Der Himmel kann deine Lebensaufgabe jedoch gemeinsam mit dir und durch dich vollbringen.

Weil du das Bedürfnis nach Anerkennung hast, investierst du in Kleinheit, passt dich an die „Herde" an und hast Angst, mit deiner Größe aus der Menge herauszuragen. Deine Lebensaufgabe ist besonders und einzigartig, auch wenn es einige Aspekte gibt, die du mit allen Menschen teilst, wie etwa Glücklichsein, Heilung und Hilfe für die Welt. Bei einer posttraumatischen Belastungsstörung hast du Angst vor deiner Lebensaufgabe bekommen und fürchtest dich davor, der zu sein, der du in diesem Leben sein wolltest. Das Ego verspricht, dich für die Größe zu entschädigen, die du verloren hast, weil du deiner Lebensaufgabe aus dem Weg gegangen bist, indem es dich „besonders" macht. Dazu benutzt es entweder den Größenwahn der Selbstüberhöhung, der dich in deinen eigenen Augen zu einer „Legende" werden lässt, oder eine der ungezählten anderen Möglichkeiten, die Aufmerksamkeit auf dich zu lenken. Viele dieser Wege sind äußerst schmerzhaft oder nicht zielführend, wie zum Beispiel die Überreaktion, die vom Schmerz und vom Stress einer posttraumatischen Belastungsstörung herrührt.

Während meiner Arbeit im Drogenrehabilitationszentrum der Marine in den 1970er Jahren habe ich herausgefunden, dass es vor allem auf die Heilung der Vergangenheit einen sehr positiven Effekt hatte, wenn ich ein Mitglied der Gruppe bat sich vorzustellen, dass es sich bei dem traumatischen Erlebnis, das negative Glaubenssätze, Emotionen und Selbstsabotage in Gang setzte, um das Drehbuch eines Films handelte, und ihn aufforderte, die Szene umzuschreiben, um das

Drehbuch zu verbessern. Manchmal ließ ich die Teilnehmer eine Szene auch mehrmals neu schreiben, bis sie selbst und alle anderen daran beteiligten Menschen glücklich waren. Einige der Teilnehmer, die sich selbst als „Realisten" betrachteten, erlaubten sich nur, die Emotionen umzuschreiben, nicht aber die Umstände. Doch das war genug. Manchmal bat ich sie, sich vorzustellen, dass Christus bei ihnen war und ihnen half, die Situation zu transformieren. Im Laufe der Jahre habe ich noch weitere wirksame Methoden entdeckt, von denen ich einige nun mit dir teilen möchte.

Stelle dir vor, dass alle Abwehrmechanismen und Kompensationen, die du benutzt hast, um den Stress der posttraumatischen Belastungsstörung in Schach zu halten, zusammenschmelzen und sich mit dem Schmerz und dem Stress des Erlebnisses selbst verbinden. Auf diese Weise werden die Abwehrmechanismen und der Schmerz in Einklang gebracht und verschmelzen zu einem neuen Maß an Frieden und Selbstvertrauen, anstatt sich in entgegengesetzte Richtungen zu bewegen. Da die Abwehrmechanismen und der Schmerz auf vielen Ebenen zu finden sein können, achte darauf, sie alle aufzulösen. Wenn frühere Erlebnisse in das Hauptereignis einfließen, bist du vielleicht aufgerufen, das, was integriert wurde, in die Dunkelheit und in die tiefsten Bereiche deines Geistes zu tragen, an den Ort, an dem du als unbegrenzter Geist reines Licht und reine Liebe bist. Wenn du es tust, lösen sich das Ereignis und der damit verbundene Schmerz wieder in deine ursprüngliche Ganzheit hinein auf.

Eine andere Möglichkeit besteht darin, dir das alte, sich wiederholende Ereignis als einen Scheideweg vorzustellen, an dem du dich auf die Seite deines Egos gestellt und das Trauma als Vorwand benutzt hast, um dich zu verstecken, denn in dieser Situation würde niemand von dir erwarten, dass du dich zeigst. Schaue dir an, was infolge dieser Entscheidung sowohl zum damaligen Zeitpunkt als auch seitdem geschehen ist. Kehre dann zu diesem Scheideweg zurück und triff eine neue Entscheidung. Du bist aufgerufen, dein Licht leuchten zu lassen. Eine Seelengabe wird sich zeigen, die du mitgebracht hast, um diese Lektion zu lernen. Du kannst vom HIMMEL jedes Wunder empfangen, das du brauchst, um die Situation und alle daran beteiligten Menschen zu erlösen. Nachdem du dich für die Wahrheit entschieden hast, stelle dir vor, dass du den Weg des HIMMELS gehst, bis du in der Gegenwart angekommen bist.

Ein Ansporn, die richtige Entscheidung zu treffen, ist auch die Frage, wofür du die posttraumatische Belastungsstörung benutzt. Die Antwort darauf zeigt dir die heimliche Belohnung, die dir das enorm hohe Maß an Stress in deinem Leben einbringt. Lege die posttraumatische Belastungsstörung auf dem ALTAR DER WAHRHEIT ab. Er birgt sowohl den Weg der Heilung als auch wundergesinnte Vergebung in sich. So können Illusion und Angst schmelzen und der Erfolg kann sich einstellen.

Eine letzte Übung besteht darin, den reinen Geist, in dem du ursprünglich als Liebe, Licht und Unschuld geschaffen wurdest, mithilfe deines Engels in dein Unbewusstes hineinzubringen, das dein Seelenmuster ist. Wenn nur noch die Wahrheit übriggeblieben ist, bringe ihn hinauf in dein Unterbewusstsein, das alles umfasst, was dir seit deiner Empfängnis widerfahren, aber nicht bewusst ist. So kann sich alles auflösen, was nicht Licht und Liebe ist. Bringe den reinen Geist zum Schluss hinauf in dein Alltagsbewusstsein und nimm die Wirkungen wahr, die dies auf deine Welt hat.

Nun kannst du zu den drei größten Traumata deines Lebens zurückkehren und sie mithilfe der Übung transformieren, die in deinen Augen am effektivsten ist. Du kannst auch mehr als eine Übung nutzen. Du kannst diese Übungen bei jedem negativen Ereignis einsetzen, um zu verhindern, dass dein Ego sich das, was eine Lektion sein sollte, auf deine Kosten zunutze macht. Wenn du deine posttraumatische Belastungsstörung überwindest, hilfst du allen Menschen, die du liebst.

27

Dich selbst einbringen

Wo dein Ego ist, bist du nicht. Das Ego ist Trennung. Diese Trennung birgt alle möglichen Formen von emotionalem Schmerz, Glaubenssätzen und Widerstand in sich. Das Ego will dein Bewusstsein brechen und die Einzelteile beherrschen, indem es vom Konflikt zwischen den getrennten Teilen zehrt. Groll und Schuld, Angst und der Autoritätskonflikt, Urteile und Widerstand, Besonderheit und Konkurrenz, Bedürfnisse und Zorn, Verlust und Einsamkeit, Schmerz und Angriff dienen dazu, die Teile in der Trennung festzuhalten. Wir haben es mit Illusion, Selbsttäuschung und Verleugnung zu tun. Wir haben es mit Rechtschaffenheit und Unwissenheit zu tun. Wir glauben, dass ohne das Ego und sein Urteil Chaos herrschen würde, aber in Wirklichkeit gäbe es nur die Liebe, weil die durch das Ego verursachte Trennung sich auflöst. Das Ego will, dass du für es arbeitest, nicht für dich selbst und den HIMMEL. Dein Ego trennt dich von dir selbst, sodass du am Ende das Gefühl hast, ausgeschlossen zu sein, während du immer noch nach Anerkennung suchst, weil du dazugehören willst. Gleichzeitig rebelliert es regelmäßig, um seinen Willen durchzusetzen. Es will dich glauben machen, dass du dein Körper bist, weil es will, dass du dich mit ihm identifizierst. Das kann in deinem Leben sehr viel durcheinanderbringen.

Eine Investition in dich selbst ist nicht selbstsüchtig, auch wenn das Ego dir das Gegenteil einreden will. Eine Investition in dich selbst ist auf die Wahrheit ausgerichtet und frei. Es ist nicht die dissoziierte Unabhängigkeit, die das Ego als Freiheit bezeichnet. Wahre Freiheit entsteht paradoxerweise durch Verbindung, während die Unabhängigkeit des Egos die verletzten Selbstanteile verbirgt, die du nach wie vor in dir trägst. Sie verbirgt auch die Aufopferung, die Schmerz und Trennung mit sich bringen und die als eine Kompensation für Schuld und Rückzug gedacht ist.

Aufopferung ist die Kunst, abwesend zu sein, während man so tut, als sei man sehr beschäftigt. Darunter verbirgt sich der Glaube an Faulheit. Das Ego ist der Vater der Lügen und es schröpft ständig unser Bankkonto für den in seinen Augen besten Zweck – für sich selbst. Es fördert Angst, Kontrolle, Konkurrenz, Rechthaberei, Aufopferung und Schwelgen sowie Schuld und Herzensbrüche. Unter dem Deckmantel, für dich zu arbeiten, macht es dich zu seinem Sklaven. Jedes Mal, wenn du versuchst, über einen anderen Menschen zu siegen, hat es über dich gesiegt. Es ist eine Illusion, die eine illusionäre Welt erschaffen hat. Es ersetzt Liebe durch Aufopferung und Besonderheit. Es hält dich so sehr im Drama und in den Seifenopern von Beziehungen gefangen, dass du niemals bei dir selbst oder deiner Lebensaufgabe ankommst. Es macht dich blind für die Liebe, um die es im Leben und in Beziehungen wirklich geht. Ohne Selbstliebe kannst du andere Menschen nicht lieben, aber das Ego kennt keine anderen Alternativen als Besonderheit, Kleinheit, Größenwahn und Beherrschung. Es ist auf Angriff und Selbstangriff aufgebaut. Das Ego will, dass du in Unwürdigkeit, Zweifel, mangelnden Selbstwert, Selbsthass und Selbsttäuschung investierst. All das ist der Preis, den du dafür zahlst, dass du den Weg des Egos gehst.

Sobald du dich darauf einlässt, hast du dich auch auf den Mangel eingelassen, der die Visitenkarte des Egos ist.

Wenn du deine Größe erkennen willst, musst du dich dir selbst und deiner Lebensaufgabe, anderen Menschen und dem HIMMEL verpflichten. Du bist dazu aufgerufen, dich bei allem, was du tust, rückhaltlos einzubringen. Du bist dazu aufgerufen, dich in Präsenz und Achtsamkeit zu üben. Übergib deine Beziehung dem HIMMEL und verpflichte dich der Ganzheit und der Liebe. Das führt dich auf einen Weg der Heilung, auf dem dein Partner und die Wahrheit dir wichtiger sind, als der Wunsch, Recht zu haben und deinen Willen durchzusetzen. Deine Beziehung wird so zu einer gesegneten Verbindung, die dich auf den Weg des HIMMELS statt auf den Weg des Egos mit seiner Dunkelheit und Unwissenheit führt.

Das Ego will, dass du alle Fehler machst, die dich zurückhalten. Das schließt schmerzhafte Emotionen ebenso ein wie den Wunsch, dass alles sich um dich drehen soll, statt um das Leben, das dich umgibt. Es will, dass du Herzensbrüche und zerschlagene Träume erleidest und zulässt, dass es wie ein führerloser Zug versucht, andere Menschen zu beherrschen und zu kontrollieren. Es will, dass du die Dinge auf seine Weise regelst, statt auf eine Weise, die für dich, deinen Partner und andere Menschen wahr ist. Es will deine Aufopferung, dein Urteil und deinen Groll, um das Versagen und die Schuld zu kompensieren, für die es insgeheim arbeitet. Es ist erfolgreich, aber sein Erfolg dient nur Größenwahn und Konkurrenz. Er ist nicht echt. Es will, dass du urteilst, dass du selbstgerecht und von dir selbst überzeugt bist, dass du eine fordernde Diva bist, dass du aus allem ein Drama machst oder dass du ein demütiger Sklave bist. Es will nicht, dass du Freiheit, Mühelosigkeit, Erfolg oder Nähe genießen kannst. Es will dich glauben machen, dass Gott und der Himmel nur ein Mythos sind, während es sich selbst zu einem Gott erhebt. Es will dich zum Narren machen, während es dir versichert, dass du weise bist. Es will, dass du glaubst, immer im Recht zu sein.

Irgendwann erkennst du, was dein Ego angerichtet hat, und entscheidest dich für einen besseren Weg, denn der Weg des Egos ist der Tod und der Weg des Himmels ist das Leben. Alle dunklen Emotionen, Probleme und Fallen rühren vom Ego her. Es ist eine Illusion und es ist der Wille des Himmels, dass es stets einen Weg durch und aus jeder misslichen Lage gibt. Deine Antworten liegen in dir selbst. Du kannst der göttlichen Führung folgen. Die Stimme dieser Führung ist so laut wie dein Wunsch, sie zu hören.

Du bist ein hochsensibler Mensch. Die Welt braucht dich und *du brauchst dich* ebenso wie das Glück und die Größe, zu der dein Leben bestimmt ist. So kannst du mit gutem Beispiel vorangehen und zeigen, worum es im Leben geht. Strebe von ganzem Herzen nach Wahrheit. Strebe nach Erfolg, Fülle und Nähe. Strebe nach Ebenbürtigkeit und Erfüllung. Strebe nach echter Partnerschaft und nach einer heiligen Beziehung. Lerne, was wirklich zum Erfolg führt. Du bist ein hochsensibler Mensch. Wenn du dich voll und ganz einbringst, findest du dich selbst wieder, denn alte Konflikte werden dadurch geheilt. Erkenne, dass ein Entwicklungsprozess stattfindet, während deine Seele dir deine Ganzheit, deine Macht und deine Freude zurückgibt.

Dein Ego will, dass du schwach bist, damit du dich auf es verlässt, während es dich ausnutzt. Wenn du an einem Tiefpunkt angelangt bist, kannst du immer größere Kraft finden, indem du den Himmel bittest, dir Kraft zu schenken, durch die du anderen Menschen Kraft geben kannst. Anderen

Menschen zu helfen ist eine äußerst erfüllende Möglichkeit, deine Zeit zu verbringen. Als hochsensibler Mensch kannst du GOTT SELBST unterstützen, indem du SEINE Kinder unterstützt. Weil du hochsensibel bist, können deine Liebe, Kraft und Weisheit exponentiell wachsen. Natürlich kannst du als hochsensibler Mensch auch rasch vom Weg abkommen und länger brauchen, um ihn wiederzufinden, aber das muss nicht sein. Bitte die Engel darum, alle Türen in deinem Geist zu öffnen und dich dort wieder in Kontakt zu bringen, wo du dich vom Leben zurückgezogen hast. Bitte darum, dass sie dir alle Selbstanteile zurückbringen, die du weggeworfen hast, und dass alles, was du auf andere Menschen und die Welt projiziert hast, dir in Unschuld und Frieden und mit neuer Ganzheit zurückgegeben wird. Lade dich selbst wieder in dein Leben ein und genieße es in vollen Zügen.

28

Kreuzigung

Selbstkreuzigung ist ein hässlicher Zug, der uns, wenn er einmal begonnen hat, für den Rest unseres Lebens quälen kann. Erst kürzlich habe ich Beweise dafür gefunden, dass wir bereits im Mutterleib – in dem wir wie ein Schwamm allen Schmerz aufsaugen, den wir in unserer Umgebung wahrnehmen – beginnen, uns selbst zu kreuzigen. Ich habe mit einer Frau gearbeitet, die sich wegen einer Krebserkrankung einer Chemotherapie unterzog. Sie hatte sich im Mutterleib sechsundvierzig Mal selbst gekreuzigt. Ich scherzte: „Kein Wunder, dass deine Mutter ständig wütend war. Sie hat nicht nur dich zur Welt gebracht, sondern auch sechsundvierzig Kreuze." Sie musste lachen, was natürlich immer heilsam ist, aber gerade in dieser für sie so wichtigen Zeit war es von entscheidender Bedeutung, ihre Selbstkreuzigung zu heilen. Was im Mutterleib geschieht, setzt selbstdestruktive Muster für den Rest unseres Lebens in Gang. Ich habe immer wieder die Erfahrung gemacht, dass Traumata, die wir in der Kindheit erleiden, entsprechende schmerzhafte Wurzeln im Mutterleib haben. Wenn ein Trauma geheilt wird, die dazugehörigen Probleme oder schmerzhaften Emotionen aber nicht vollständig aufgelöst werden, bedeutet das, dass es ein früheres Trauma gibt, mit dem wir uns befassen müssen. Wir kreuzigen uns immer dann selbst, wenn wir versuchen, einen anderen Menschen zu kreuzigen, und dazu ist das Ego jederzeit bereit. Selbstkreuzigung ist auch Teil jedes Traumas, insbesondere bei körperlichem und sexuellem Missbrauch. Sie rührt von Herzensbrüchen und zerschlagenen Träumen her. Jesus soll gesagt haben: „Nimm dein Kreuz auf dich und folge mir nach", aber diese und auch einige andere Aussagen scheinen der Botschaft Christi von Liebe und Vergebung direkt zu widersprechen. In *Ein Kurs in Wundern* sagt Christus, das dies auf die Schuld seiner Jünger zurückzuführen ist (T-6.I.14).

Aufopferung ist ein Angriff auf dich selbst und auf andere Menschen. Sie ist das Gegenteil von Selbstliebe, die bewirkt, dass du andere Menschen liebst. Aufopferung bedeutet, dass du dich nicht rückhaltlos einbringst, sondern eine Rolle spielst, die in die Kleinheit des Egos investiert und nicht zulässt, dass du empfängst. Dabei ist Empfangen ein wesentlicher Bestandteil der Liebe. Es ist ihr weiblicher Aspekt – der empfangende Teil, der mit dem Geben einhergeht. Das Kreuz ist ein Symbol des Christentums, aber als Symbol ist es älter als das Christentum. Der vertikale Balken, der für GOTT steht, trifft auf den horizontalen Balken, der für die Menschheit steht. In *Ein Kurs in Wundern* erklärt Christus, dass seine ganze Botschaft von der Auferstehung und nicht von der Kreuzigung handelt. Ich habe siebenunddreißig Jahre in Asien gelehrt, unter anderem in Japan, Taiwan, China, Singapur und Malaysia. In meinen Workshops habe ich oft scherzhaft gesagt, dass die Teilnehmer mit ihrer Selbstkreuzigung der falschen Religion und nicht dem Buddhismus gefolgt sind. Anschließend habe ich ihnen erklärt, dass Selbstkreuzigung auch eine Fehldeutung der Botschaft Christi von Liebe und Auferstehung ist.

Schaue einmal auf dein Leben zurück und rufe dir deine Herzensbrüche, Niederlagen und zerschlagenen Träume ins Gedächtnis. Wenn du es wüsstest: Wie oft hast du dich deshalb gekreuzigt? Vertraue immer auf die erste Zahl, die dir in den Sinn kommt, weil du so über kompensierende Glaubenssätze über dich selbst und die Gedanken deines Egos hinausgehst. Wenn du es wüsstest: Wie oft hast du dich während deiner Zeit im Mutterleib selbst gekreuzigt? Wie oft hast du dich selbst gekreuzigt, weil du den Wunsch hattest, einen anderen Menschen aus Ärger, Verletztheit und Hass zu kreuzigen? Wie viele gekreuzigte Selbstanteile sind gestorben? Daraus entstehen tiefe Gefühle der Leblosigkeit, der Depression und des Versagens. Wie viele Selbstanteile winden sich noch in Todesqual? Wie viel Energie verwendest du darauf, diese Bereiche zu verbergen und zu kompensieren? Stelle dir vor, dass dir diese Energie zur Verfügung steht, um sie für Erfolg, Nähe und Gesundheit einzusetzen.

Ein weiterer wichtiger Aspekt, den es zu beachten gilt, hat mit Götzen zu tun. Götzen sind falsche Götter, die wir anbeten, weil wir glauben, dass sie uns retten und uns glücklich machen. Neben vermeintlich glücksbringenden Götzen, zu denen beispielsweise Sex oder Geld gehören, gibt es auch dunkle Götzen wie Herzensbruch, Schuld und Wut. Und es gibt Götzen der Kreuzigung. Sie bringen uns dazu, insgeheim, aber aktiv nach Möglichkeiten zur Kreuzigung zu suchen. Wie viele Götzen der Kreuzigung trägst du in dir? Welche Auswirkung haben sie auf dein Leben? Weil du hochsensibel bist, können diese Fallen nicht nur eine äußerst schmerzhafte, sondern auch eine zerstörerische Wirkung auf dein Leben haben. Es sind zutiefst leidvolle Illusionen, die du einfach loslassen kannst. Sie sind nicht GOTTES WILLE für dich und sie sind auch nicht das, was du in Wahrheit willst. Das Ego hat sie benutzt, um seinen Fortbestand zu gewährleisten. Wenn du sie loslässt, kannst du darum bitten, dass dir an ihrer Stelle die Gaben, die Macht und die Größe zurückgegeben werden, die für dich bestimmt sind. Du kannst jede Situation, in der du dich selbst oder Menschen, die dir nahestehen, gekreuzigt hast, zusammen mit wundergesinnter Vergebung auf dem ALTAR DER WAHRHEIT ablegen und deine Engel bitten, die himmlische Beschleunigungstaste zu drücken, um unmittelbare Ergebnisse zu erzielen.

Als hochsensibler Mensch bist du gekommen, um dich selbst und andere Menschen vom Kreuz herunterzunehmen und gemeinsam mit deinen Engeln den Selbstanteilen den heiligen Atem des Lebens einzuhauchen, die verstorben sind oder sich noch in Todesqualen winden. Liebe alle diese Anteile, bis sie ihre Ganzheit wiedergewonnen haben. Du bist gekommen, um die Menschen mit deiner Liebe und deiner Unwiderstehlichkeit zu erlösen, aber zuerst musst du dich selbst erlösen, denn vom Kreuz herab kannst du wenig ausrichten.

29

Sex

Sex und Liebe gehören eigentlich zusammen. Die Tatsache, dass wir alle in einer unverbundenen Familie aufgewachsen sind, hat jedoch Konkurrenz entstehen lassen. Sie erzeugt einen Mangel an Sicherheit, der zur Folge hat, dass Sex und Liebe in unserer Familie getrennt werden. Konkurrenz, Mangel an Bindung, der Wunsch, Recht zu haben, um Schuld aus dem Weg zu gehen, und die ödipale Verschwörung mit ihren niemals enden wollenden Gefühlen des Versagens und der Schuld werden so lange von einer Generation zur nächsten weitergegeben, bis jemand diese Situation heilt und eine verbundene Familie zustande bringt. Konkurrenz bewirkt, dass Sex der Liebe nicht länger untergeordnet ist. Wenn das der Fall ist, versuchen wir Aufmerksamkeit zu erlangen und können dadurch andere Familienmitglieder ausstechen. Das führt manchmal dazu, dass wir mit unserer sexuellen Energie experimentieren und infolgedessen unsere Grenzen aufgeben. Das kann wiederum zu sexuellem Missbrauch führen, hat meist aber zur Folge, dass die sexuelle Anziehung uns Angst macht und dazu bringt, unsere Sexualität zu unterdrücken mit der Folge, dass unsere Schönheit und Offenheit, unser Charisma, Nähe, Sexualität und sogar Erfolg darunter leiden. Wir ziehen uns entweder aus diesem Konkurrenzkampf zurück, ohne ihn zu heilen, oder er bringt uns dazu, ihn in hohem Maße auszuagieren. Manchmal ist auch beides der Fall. Das kann dazu führen, dass wir uns schuldig fühlen, so als ob wir einen Elternteil „gestohlen" oder uns mit dem Geschenk eines Geschwisters heimlich aus dem Staub gemacht hätten. Das mehrt und verstärkt Selbstkonzepte des Versagers, des verlorenen Kindes oder der Waise. Weil wir uns zwischen unsere Eltern stellen, empfinden wir zudem Schuld wegen des daraus resultierenden Bruchs oder der daraus resultierenden Trennung innerhalb der Familie. Daraus können die tief verborgenen Schattenfiguren des Diebs, des Mörders und des Verräters entstehen.

Sex und Liebe sind dazu gedacht, eine Einheit zu bilden. Auch wenn dies in unserer ersten wichtigen Beziehung der Fall gewesen sein mag, zerstört der aus dieser Beziehung folgende Herzensbruch diese Verbindung und bringt Rache, Schuld, Unwürdigkeit, Hass und Selbsthass mit sich. Er setzt die Herzensbrüche aus der Kindheit fort, die wir benutzt haben, um zu beweisen, dass wir nicht einem Elternteil den anderen Elternteil „gestohlen" oder ein Geschwister mit sexueller Energie umgarnt haben. Das führt zu großen Konflikten, zum Verlust von Grenzen, zu Gefühlen des Versagens, weil es uns nicht gelungen ist, die Familie zu transformieren, und zu noch mehr Schuld, weil wir glauben, dass die Probleme in unserer Familie unsere Schuld waren. Ein gespaltenes Bewusstsein in Bezug auf Liebe, Sex, Nähe, Erfolg und unsere Verdienstwürdigkeit kann die Folge sein. Das Ego benutzt alle diese Dinge, um seine Macht auf unsere Kosten zu vergrößern, während es gleichzeitig verhindert, dass wir die Verbundenheit erfahren, die Leichtigkeit und Fluss, Unschuld und Authentizität und schließlich Partnerschaft und Freiheit bringt.

Sex ist für hochsensible Menschen ein äußerst wichtiges Thema, denn es kann sie ein Leben lang in Schuld verstricken. Für Menschen, die ein glückliches Sexleben haben, mag Sex keine große Sache sein, aber für Menschen, bei denen das nicht der Fall ist, ist er durchaus eine große Sache, weil sie sich betrogen und unausgeglichen fühlen. Menschen, die das Gefühl haben, um Sex betrogen zu werden, haben ihn üblicherweise abgeschnitten und diese Tatsache dann vor sich selbst verborgen. Die ursprüngliche Schuld, die Scham, die Angst oder den Herzensbruch, der sie dazu veranlasst hat, tragen sie jedoch noch immer in sich. Wirklich wichtig ist die Tatsache, *dass Sex ein Spiegelbild deiner Beziehung und deines Lebens ist.* Im Anfangsstadium einer Beziehung ist Sex nicht nur sehr eng mit dem Gefühl verknüpft, geliebt zu werden, sondern auch mit Selbstvertrauen und Erfolg.

Im besten Fall ist Sex ein Instrument der Liebe. Im schlimmsten Fall machst du mit seiner Hilfe einen anderen Menschen zum Objekt und benutzt ihn, um deine Bedürfnisse zu befriedigen. Sex kann ein Werkzeug der Beherrschung, der Konkurrenz und der Kontrolle sein. Er ist von seinem Wesen her eine Form von Kommunikation und kann als Brücke dienen, die Nähe entstehen lässt, aber auch als ein Fest, eine Belohnung oder eine Form der Heilung. Er kann ein Akt des Mitgefühls und der Barmherzigkeit oder ein Akt der Aggression, der Rache, der Konkurrenz und des Rückzugs sein. Für viele Menschen ist Sex zu Beginn ihrer Beziehung ein wesentlicher Bestandteil des Herzensbruchs, der sie später in Dissoziation und Unabhängigkeit führt. Dissoziation und Unabhängigkeit sind der Wunsch, die Kontrolle zu behalten, um niemals wieder einen Herzensbruch zu erleiden. Aufgrund unserer ersten Herzensbrüche, die an unsere zerschlagenen Träume geknüpft sind, wollen wir nicht, dass unser Partner uns zu wichtig wird. Üblicherweise fühlt sich der unabhängige Partner von seinem Partner weniger stark angezogen, während der abhängige Partner sich zu seinem Partner stärker hingezogen fühlt. Je weniger gut es uns gelingt, die zerschlagenen Träume und die Herzensbrüche unserer ersten Beziehungen (einschließlich unserer Eltern) zu überwinden, umso mehr lassen wir sie an unserem jetzigen Partner aus. Als Eheberater und Beziehungscoach ist mir dieses Muster schon unzählige Male begegnet. Es führt zu einer Verzögerung in der Entwicklung unseres Lebens und unserer Beziehungen. Unter der Kontrolle und der Unabhängigkeit verbirgt sich die Angst, das zu durchleben, was wir noch ungeheilt in uns tragen. Menschen, die bei ihrem ersten größeren Herzensbruch das Gefühl hatten, Opfer zu sein, kompensieren entweder oder bleiben weiter Opfer. Jemand, der kompensiert, wird in hohem Maße unabhängig. Andere neigen dazu, sich selbst zum Opfer zu machen, weil der unabhängige Partner sich nicht „einfangen" lassen oder nicht zulassen will, dass ein anderer Mensch ihm jemals wieder so viel bedeutet. Ein sexuelles Problem ist ein Beziehungsproblem und ein Beziehungsproblem ist in der Regel auch ein sexuelles Problem. Oftmals lässt sich ein Beziehungsproblem allein dadurch transformieren, dass das sexuelle Problem geheilt wird. Wenn du die Lektion von Abhängigkeit und Unabhängigkeit nicht lernst, kann deine Beziehung niemals zur Partnerschaft und schon gar nicht zu der Transzendenz oder zu dem höheren Bewusstsein gelangen, das du als hochsensibler Mensch sowohl auf einer persönlichen Ebene als auch in Beziehungen als Potenzial in dir trägst.

Wenn echte Verbindung geschieht, ist Sex in der Lage, eine Depression zu beenden. Zahlreiche Untersuchungen weisen zudem auf die gesundheitlichen und emotionalen Vorteile einer lebendigen sexuellen Beziehung hin, zu denen nicht zuletzt ein gesundes Immunsystem, Selbstvertrauen und ein Gefühl von Fluss und Glück gehören.

So wie ein Ruder ein großes Schiff wenden kann, kann Sex eine Beziehung und alles im Leben eines Menschen verändern. Er ist der Mikrokosmos, der den Makrokosmos verändern kann. Wie wir alle haben auch hochsensible Menschen im Zusammenhang mit Sex ein enorm hohes Maß an Scham, Schuld und Angst angehäuft. Ein Herzensbruch in früheren Beziehungen hat wahrscheinlich zur Folge, dass du dich an deinem jetzigen Partner dafür rächst. Du behandelst ihn, als ob die unerledigten Geschäfte mit deinen Eltern oder ehemaligen Partnern oder eine Form von sexuellem Missbrauch durch die Rache an deinem jetzigen Partner der Gerechtigkeit zugeführt werden könnten. Wenn dein Partner sexuell missbraucht wurde, trägst du wahrscheinlich die Gaben eines sexuellen Heilers in dir. Du kannst über deinen Partner urteilen und ungeduldig mit ihm sein, weil er sich in sexueller Hinsicht nicht zeigt, oder dir Zeit nehmen und ihn mit deiner Liebe und deinen sexuellen Gaben heilen.

Verpflichte dich der sexuellen Heilung. Verpflichte dich, Missverständnisse aus der Kindheit und die ödipale Verschwörung zu heilen, die deine Sexualität verdrängen oder betäuben können. Lasse religiöse Schuld- und Schamgefühle los, um ein umfassenderes spirituelles Bewusstsein für Sex zu entwickeln, das von Unschuld zeugt. Wenn Sex nicht von Natürlichkeit und Unschuld geprägt ist, dann ist deine „spirituelle" Haltung eine Haltung der Religiosität, die Schuld erzeugt. Das ist nicht spirituell, sondern im Gegenteil der Gipfel egogesteuerter Verdrängung.

Sex bietet die Möglichkeit, Liebe und Nähe zu erfahren. Er bietet außerdem die Möglichkeit zur Transzendenz, die mit Ebenbürtigkeit und Gegenseitigkeit beginnt. Die Liebe öffnet dann die Pforte zu einer ekstatischen Vereinigung, die auch die mystische Vereinigung des männlichen und des weiblichen Prinzips umfassen kann. Sie öffnet die Pforte zum Paradies.

Kehre zu deinen schmerzhaften sexuellen Erfahrungen zurück und bringe ihnen Akzeptanz entgegen. Erkenne, dass das, was du an einem Ereignis nicht akzeptieren kannst, Muster der Rache und des Herzensbruchs in Gang setzt, da dein alter Schmerz dich in Schuld, Selbstbestrafung und Angriff gefangen hält. Du bleibst also entweder in diesen selbstsabotierenden Mustern stecken oder du akzeptierst, was geschehen ist, und kommst in deinem Leben voran. Wenn du akzeptierst, was geschehen ist, und den nächsten Schritt gehst, nimm wahr, was dir daran am meisten zu schaffen macht. Du kannst dich wiederum dafür entscheiden, das zu akzeptieren, was dich verletzt, oder Widerstand leisten und so lange in diesem Schmerz stecken bleiben, bis du ihn irgendwann akzeptierst. Wenn du weitergehst, frage dich, was oder wen du beim nächsten Schritt nicht akzeptieren kannst. Deine Entscheidung hat zur Folge, dass du die Negativität entweder festschreibst oder durch Akzeptanz einen Schritt in Richtung Freiheit gehst. Bei sexuellem Herzensbruch, Scham oder Schuld wiederhole die Übung der Akzeptanz in jeweils fünfundzwanzig Schritten, um auf eine neue Ebene des Glücks, des Selbstvertrauens und der Liebe zu gelangen. Wenn du dir jeden Tag mindestens eine negative Erfahrung vornimmst, die du in Beziehungen oder in Bezug auf Sex gemacht hast, und dich wirklich auf deine Heilung konzentrierst, kann Akzeptanz dich befreien und dich auf eine ganz neue Ebene im Leben und in Beziehungen befördern. Du kannst natürlich auch mehr als fünfundzwanzig Schritte gehen und das Prinzip der Akzeptanz sogar nutzen, um auf eine höhere Bewusstseinsebene zu gelangen.

Wenn du befürchtest, mit einem höheren Maß an sexueller

Energie deine Integrität zu verlieren, kannst du deine sexuelle Energie und deine Sexualität in die Obhut des HIMMELS geben. Du kannst sie auch in den Dienst von Gesundheit, Hilfsbereitschaft, Erfolg oder spiritueller Weiterentwicklung stellen. Ich habe in Asien einmal einen Multimilliardär gecoacht, der zwei Ehefrauen, zwei Geliebte und in den Städten, die er bereiste, viele „Freundinnen" hatte. Ich sagte ihm, dass das zwar vermeintlich großen Spaß machte und dass er damit natürlich so lange weitermachen konnte, wie er wollte, dass er sich in Wirklichkeit aber nur selbst zurückhielt. Er lachte und antwortete, er besitze eines der fünf größten Unternehmen in seinem Land. Mir wurde klar, dass ihn aufgrund seines enorm hohen Maßes an Unabhängigkeit nichts motivieren würde, was mit Liebe oder Beziehungen zu tun hatte. Also erklärte ich ihm, dass er Energie vergeudete, die eigentlich dazu bestimmt war, nicht nur ein Unternehmen in seinem Land, sondern ein großes *internationales* Unternehmen aufzubauen. Er erkannte die Wahrheit meiner Worte, denn größerer Erfolg war der einzige Bereich, der ihn tatsächlich dazu bringen konnte, seine sexuelle Energie zu konzentrieren, statt sie zu vergeuden.

Sexuelle Energie kann auf eine höhere Ebene erhoben werden, um sie für den Dienst an anderen Menschen, Heilung, Fülle oder sogar Wunder zu nutzen. Wunderenergie kann so aufregend sein, dass viele Menschen sie mit sexueller Energie verwechseln, obwohl sie tatsächlich für einen höheren, transzendenten Zweck bestimmt ist.

Die Höhepunkte, die Sex erreichen kann, umfassen viele Ebenen, die sogar über den Körper hinausgehen. Wir können mit Sex im Bewusstsein aufsteigen, bis wir an einen Punkt gelangen, an dem wir uns mit unserem Partner von Seele zu Seele verbinden und das Einssein unserer geistigen Wesensnatur erkennen. Im Stadium der Meisterschaft kommen wir ganz in unseren Körper hinein, weil wir erst dann den Körper überschreiten und noch höhere Bewusstseinsebenen erreichen können. Vollständig in unseren Körper zu kommen ist eine wichtige Entscheidung und eine wichtige Verpflichtung, weil wir ihn dann nicht länger als „Prügelknaben" für unsere emotionalen Konflikte benutzen. Wir akzeptieren, dass der Körper neutral ist, und nutzen ihn als Werkzeug für unser persönliches Wachstum. Wir achten, segnen und lieben ihn, damit er seinen Teil zu unserer Lebensaufgabe beitragen kann. Wir benutzen den Körper nicht länger, um den eigenen Stolz zu befriedigen, Vergnügen zu finden oder anzugreifen, weil wir dadurch das Glück, die Fülle und die höheren Bewusstseinszustände sabotieren würden, die wir erreichen wollen. Wir geben unserem Körper nicht länger die Schuld, weil wir wissen, dass er getreulich die Programme und Entscheidungen ausagiert hat, die wir getroffen haben. Die meisten Menschen sind nur zu etwa 20 % in ihrem Körper präsent. Manche Menschen behaupten zwar, sie seien zu über 50 % in ihrem Körper präsent, aber ihre gesundheitlichen und sexuellen Probleme beweisen das Gegenteil. Wären sie stärker in ihrem Körper präsent, würden sie ihn nicht zum Sklaven ihres Egos machen. Sie wären in Frieden und ihr Leben wäre im Gleichgewicht. Das Maß, in dem sie in ihrem Körper präsent sind, scheint mit dem Maß zu korrelieren, in dem sie in ihrer sexuellen Energie präsent sind. Leider haben die meisten Menschen viele unbesetzte Stellen in ihrem Körper, weil ihr Geist ein Wirrwarr an widersprüchlichen Selbstkonzepten und Weisungen ist.

Erst kürzlich habe ich mit einer Frau aus Großbritannien gearbeitet, die mit einem sexuellen Problem zu mir kam. Sie glaubte, zu 70 % in ihrem Körper präsent zu sein, obwohl es, wie wir bald herausfanden, in Wirklichkeit nur 30 % waren. Sie war nur zu 20 % in ihren Brüsten und zu 0 % in ihrer Vagina präsent. Sie hatte sich aus Groll, Schuld, Scham, Angst und Rache aus ihren Genitalien und ihren Brüsten zurückgezogen. Diese Bereiche bargen Dunkelheit anstelle von Liebe und Selbstliebe. Sie hatte Sex benutzt, um ihren Mann zu beherrschen und zu kontrollieren. Insgeheim fühlte sie sich zutiefst unzulänglich und glaubte, nicht das Rüstzeug für eine auf Ebenbürtigkeit und Gegenseitigkeit beruhende Beziehung zu besitzen. Deshalb wollte sie die Kontrolle haben und ihren Willen durchsetzen. Das hielt ihre Beziehung jedoch in einem statischen Zustand der Leblosigkeit fest, der Partnerschaft und Nähe verhinderte. Eine Übung, die ihr wirklich half, die Blockade in ihrer Beziehung zu durchbrechen, bestand darin, dass sie beim Sex nicht mehr über ihren Partner urteilte, sondern stattdessen lernte, die Gaben in ihn einströmen zu lassen, die er brauchte, um erfolgreich zu sein.

Du bist aufgefordert, die Vergangenheit mit ihrem abgespeicherten Groll und den Urteilen, die du über Sex und den Körper gefällt hast, loszulassen und Sex stattdessen als unschuldig zu betrachten, als eine natürliche Funktion des Körpers wie Schlafen und Essen. Entscheide dich, in höherem Maße in deinem Körper präsent zu sein. Dadurch entschleunigt das Gedankenkarussell des Egos. Fitz Perls, der Begründer der Gestalttherapie, forderte die Menschen auf, „den Verstand zu verlieren und zur Besinnung zu kommen". Wenn du das Stadium der Meisterschaft erreicht hast, entschleunigt dein Verstand. Deine Sinnlichkeit, deine Sexualität und dein Humor werden größer. Deine männliche und deine weibliche Seite werden auf neuen Ebenen der Ganzheit integriert. Wenn du die Vergangenheit heilst, löst deine Erinnerung sich möglicherweise auf, während deine Intuition neue Höhen erreicht. Du wirst zu einem Kanal GÖTTLICHER LIEBE. Du kommst nach Hause ins Hier und Jetzt, das der Beginn des HIMMELS auf Erden und die Pforte zum HIMMEL ist.

Entscheide dich dafür, ganz in deinen Körper zu kommen. Es ist eine Frage der Heilung. Heile das, was zwischen dir und deinem Körper steht. Innerer Groll und Schmerz führen leicht zu Krankheit und Verletzungen. Du kannst die Kraft deines Geistes nutzen, um dich an Nähe und Wahrheit zu erfreuen. Das heißt, dass du dem, was geschieht, keinen Widerstand leistest, sondern es vollständig erfährst. Diese Einstellung höhlt allmählich die Leugnung und die Dissoziation aus, die dich von Liebe, Stärke und der Kraft deines Geistes fernhalten. Vergib deinen früheren Partnern. Genieße jeden Augenblick. Eile nicht von einem zum nächsten, weil du dich dann nur selbst betrügst. Vergib dem Sex. Vergib deinem Körper. Lasse deine Anhaftungen los. Es sind alte, falsche und durch Trennung verursachte Bedürfnisse, mit denen wir den Körper quälen.

Natürlichkeit, Schönheit, Verbundenheit mit der Natur, wunderbare Gaben und erstaunliche Talente sind Dinge, die hochsensible Menschen verwirklichen können, wenn sie ihre eigene Bestimmung voll und ganz annehmen. Um dieses Ziel zu erreichen, sind wir aufgerufen, unablässig an unserer Heilung zu arbeiten und zu erkennen, dass es zwischen uns und der Welt, die uns die Menschen und Situationen in unserem Umfeld spiegeln, keinen Unterschied gibt. Was wir in unserer Welt sehen, ist ein Spiegel unseres eigenen Bewusstseins und seiner verborgenen Selbstkonzepte. Wenn wir vergeben und segnen, statt zu urteilen, befreien wir die Welt und uns selbst. Sex kann eine wunderbare Erfahrung oder eines der großen Hindernisse im Leben sein. Was soll er für dich sein?

Du kannst ihn und damit dein Leben verändern. Du kannst Sex wieder mit Liebe erfüllen und deinen Geist, dein Herz und deine Genitalien wieder mit Sex verbinden. Du kannst Sex als die mikrokosmische Kraft nutzen, die dein Leben von Grund auf verändert.

30

Wenn du erfolgreich bist

Als hochsensibler Mensch ist es wichtig für dich zu wissen, dass du auf einer Seelenebene die Entscheidung getroffen hast, dich ungeachtet der Umstände unaufhörlich weiterzuentwickeln. Wenn du einen Erfolg erzielt hast, ruhst du dich nicht auf dem aus, was du erreicht hast, sondern gehst weiter zu dem, was im nächsten Schritt ansteht. Sei dir bewusst, dass hinter jedem Berg, den du erfolgreich erklommen hast, immer ein Tal wartet, gefolgt von einem weiteren Berg. Sei dir bewusst, dass das, was sich dort zeigt, nur das nächste Thema ist, das es zu heilen gilt. Du bist beflügelt, denn du lässt dich nicht aufhalten, weil jeder Schritt, den du gehst, der ganzen Welt hilft. Ungeachtet dessen, ob es dir bewusst ist oder nicht, bist du deshalb stets bereit, dich in das nächste Thema zu vertiefen, neue Dinge zu lernen und das nächste Problem für dich selbst und alle anderen Menschen zu heilen.

Ein abenteuerliches Leben besteht für hochsensible Menschen darin, ihren inneren Raum zu entwickeln, um den Weg nach Hause zu finden. Unabhängig davon, in welchem Bereich du nach Erfolg strebst, kannst du neue Höhen der Partnerschaft und Zusammenarbeit erreichen, eine Führungsperson sein, deine Lebensaufgabe erfüllen und zum Visionär werden. Du kannst zur Meisterschaft gelangen und eine Rettungsleine sein, die vom HIMMEL zur Erde hinabreicht. Du kannst deine Seelengaben enthüllen, wenn sie gebraucht werden, und sogar zu einem Erlöser der Erde werden. Während dein Leben sich entfaltet, kannst du dir das nötige Rüstzeug aneignen, um Dämonen auszutreiben und zu erlösen. Vielleicht findest du schließlich sogar den Weg zum Christusbewusstsein und erlebst den HIMMEL auf Erden.

Deine Bereitschaft, alles zu geben – deiner Arbeit, deinem Partner, deiner Familie und der Welt –, hebt dich auf eine höhere Stufe. Vielleicht findest du sogar gleichgesinnte Menschen und ihr arbeitet als Gemeinschaft zusammen, um der Welt zu helfen. In dem Bereich, auf den du dich konzentrierst, kannst du durch Ermutigung, Liebe und dein Vorangehen zu einem Heiler werden. Du kannst GOTT helfen, indem du SEINEN Kindern hilfst. Es gibt wichtige Lektionen, die du in diesem Leben zu lernen hast. Verpflichte dich, sie zu lernen. Du bist gekommen, um bestimmte Probleme zu heilen. Verpflichte dich, sie zu heilen. Du hast ein Anrecht auf Wunder. Gemeinsam bringen deine Liebe und die LIEBE des HIMMELS die Gnade hervor, die Illusionen auflöst. Es ist eine freudvolle Art zu leben. Nimm die glückliche und unbeschwerte Erfülltheit wahr, die mit deiner Hochsensibilität einhergeht, und teile dieses Glück und diese Unbeschwertheit mit einem Menschen, der dir nahesteht. Deine Freude kommt von deiner Liebe und sie ist es, die die Erde segnet.

31

Wie du dein Licht
wirklich leuchten lassen kannst

Wir sind im Leben sehr oft aufgefordert, vorzutreten und unser Licht leuchten zu lassen, in dieser Welt der Illusionen über uns selbst hinauszuwachsen. Das kann sehr beängstigend sein, wenn du glaubst, dass du nicht genug bist. Doch es gibt noch einen anderen, leichteren Weg, dem große Kraft innewohnt. Am Beginn der Schöpfung dehnte GOTT SICH in LIEBE aus und wir wurden geschaffen. ER verband SICH mit uns und beseelte uns mit SICH SELBST. ER hat uns niemals verlassen. ER ist noch immer in uns, so wie wir in IHM sind. Deshalb tragen wir einen Ort des Lichts und der Liebe in uns. Er ist unsere Wesensnatur, die reiner Geist ist. Es ist ein Ort, an dem wir keine Grenzen kennen. Alles andere, was wir denken und zu sein glauben, ist in Wirklichkeit nur Illusion. Wir sind ein Teil des EINSSEINS in der Ewigkeit. Was GOTT nicht geschaffen hat, existiert nicht. Doch in unserem Streben nach Besonderheit und unserem Wunsch nach einer eigenen Welt, in der wir Gott sein konnten, haben wir versucht, uns zu trennen, und sind in die Welt der Zeit hinabgestiegen. So sind die Dualität in unserem Bewusstsein und die Wahrnehmung entstanden, die das Zuhause des Egos ist. Alles andere als das EINSSEIN des HIMMELS ist eine Illusion. GOTT hat weder die Trennung noch die Dualität geschaffen. Sie existieren in Wirklichkeit nicht. Wir haben geglaubt, uns gegen den WILLEN GOTTES stellen zu können. Unser Leiden läuft SEINEM WILLEN zuwider, aber auf den tiefsten Ebenen weisen wir IHM nach wie vor die Schuld daran zu. Auch das war ein wesentlicher Grund dafür, dass wir in den Traum der Trennung hineingefallen sind. Jeder Akt der Heilung ist ein Schritt in die richtige Richtung, ein Schritt hin zur Wahrheit und Wiedererlangung unserer Ganzheit und der reinen LIEBE, die GOTT und der HIMMEL sind. Es gibt einen Weg, um alles zu klären, was uns zurückhält. Er besteht darin, dass wir uns an den Augenblick unserer Schöpfung zurückerinnern, in dem GOTT sich mit uns verbunden und uns vollkommen geliebt hat, während ER uns schuf.

Sei nun wieder an diesem Ort als *ein* Licht und als *eine* Liebe mit GOTT. Da dieser Ort die Ewigkeit ist, ist er immer präsent. Es ist der kraftvollste Ort, um zu manifestieren, weil dein Wille und der WILLE GOTTES miteinander verbunden sind. GOTT will dir alle guten Dinge zukommen lassen, aber niemals etwas, das du benutzen würdest, um dich zurückzuhalten. Diese Dinge sind immer deine eigenen Entscheidungen. Bringe von diesem ursprünglichen Ort deines Anfangs aus dein mit der GÖTTLICHEN LIEBE verbundenes inneres Licht nach oben. Bringe es in die Höllenwelten hinauf und löse sie auf. Bringe es dann herauf ins Reich der zornigen Geister und löse dieses Reich auf. Bringe das Licht und die Liebe nun herauf ins Reich der hungrigen Geister. Schenke ihnen GÖTTLICHE ERFÜLLUNG und löse auch dieses Reich auf. Lasse zu, dass diese Liebe und diese Freude in deine persönlichen Höllen aufsteigen und dafür sorgen, dass sich nicht nur alle heißen, kalten und quälenden Höllen, sondern auch alle Höllen der Kreuzigung auflösen. Bringe das Licht des EINSSEINS nun hinauf ins astrale Stadium, das die vielen Male, die du gefallen bist, deine zerschlagenen Träume, abgespaltenen Selbstanteile und die dunkle Nacht der Seele in sich birgt. Dieses Stadium hat die Dämonen, Teufel und dunklen Götter hervorgebracht, bei denen es sich in Wirklichkeit um Fragmente des uralten Egos handelt. Dadurch löst sich die dort herrschende Dunkelheit auf. Bringe die GÖTTLICHE LIEBE im nächsten Schritt ins kollektive Bewusstsein der Menschheit herauf. Es ist das Bewusstsein, das wir mit der Erde teilen und das die gesamte ungeheilte Geschichte der Menschheit in sich birgt. Es ist zugleich das Stadium, in dem wir, als wir gefallen sind, einen Körper angenommen haben und in dem unser Autoritätskonflikt, unser Leiden und der Angriff auf uns selbst, mit dem wir GOTT die Schuld zuweisen wollten, um sich gegriffen haben. Jetzt haben wir die Möglichkeit, eine ganze Ebene davon aufzulösen.

Wenn der Prozess abgeschlossen ist, bringe das mit der LIEBE verbundene Licht herauf ins Unbewusste, das deine Ahnen, deine vergangenen Leben und die Reisen deiner Seele durch die Zeit in sich birgt, und löse den Schmerz und die Dunkelheit dieser Ebene auf. Lasse das Licht dann ins Unterbewusstsein aufsteigen und löse alle Trennung, allen Schmerz, alle Unwissenheit und alle Negativität auf, die du seit deiner Empfängnis in dir angesammelt hast. Bringe das Licht und die himmlische LIEBE zum Schluss auf die bewusste Ebene herauf und löse alle Schuld und alle Angst ebenso auf wie die Rollen des Opfers, der Aufopferung und der dissoziierten Unabhängigkeit. Wenn dies abgeschlossen ist, lasse das Licht in die Welt fließen.

32

Wie ich es sehe

Jeder muss entscheiden, wie er die Welt sehen will, und tut es auch. Wir sehen die Welt durch die Augen unserer Selbstkonzepte. Alle unsere Glaubenssätze über das Leben und die Welt, in der wir es erfahren, sind in Wirklichkeit nur Glaubenssätze über uns selbst. Sie befinden sich normalerweise unterhalb der Ebene unserer bewussten Wahrnehmung, steuern uns aber mindestens ebenso stark. Wir folgen diesen Glaubenssätzen, als wären sie das Rezeptbuch für das Leben und die einzige Möglichkeit, die Welt zu sehen. Unsere Glaubenssätze wurden vor allen Dingen von unseren Eltern beeinflusst, gefolgt von – ohne besondere Reihenfolge – unserer Familie, unserer Religion, der Gesellschaft, Altersgenossen, unseren Ahnen und unseren vergangenen Leben. Wir werden von dem beeinflusst, was wir verurteilen und dann nach außen projizieren, und daraus entsteht die Welt, wie wir sie erfahren. In *Ein Kurs in Wundern* heißt es, dass unser Zweck darin besteht, der Welt zu vergeben. In Wirklichkeit vergeben wir nur den Selbstanteilen, die wir abgespalten und als „schlecht" oder infolge von Schuld oder Angst als „gegnerisch" verdrängt haben. Dann haben wir diese Urteile nach außen auf die Welt projiziert.

Das Ego will immer beweisen, dass es mit allem Recht hat, während unser höheres Bewusstsein lernen, wachsen und sich zu mehr Frieden, Ganzheit und Liebe hin entwickeln will.

Zwar muss jeder sich seine eigene Meinung darüber bilden, worum es im Leben wirklich geht, aber wenn andere Menschen ihren eigenen Weg und ihre Erfahrungen mit uns teilen, können wir manchmal in Resonanz zu der Wahrheit gehen, die sie entdeckt haben. Wenn ich meine Sichtweise mit dir teile, kann sie deine eigene Sichtweise auf das erweitern, worum es wirklich geht. Meine Sicht auf die Welt beruht auf über fünfzig Jahren Erfahrung in Beratung, Coaching und Therapie, in denen ich Zugang sowohl zum Unterbewusstsein erlangt habe, das alle unsere verborgenen Einflüsse seit dem Zeitpunkt unserer Empfängnis in sich birgt, als auch zum Unbewussten, in dem Ahnen- und Seelenmuster auf uns einwirken.

Im Laufe der Jahre habe ich herausgefunden, dass wir unser ganzes Leben selbst gewählt und das Drehbuch unseres Lebens selbst geschrieben haben. Wir tragen die volle Verantwortung. Das Ego, das Prinzip der Trennung in uns, will dagegen Schuld zuweisen und Opfer sein. Doch Verantwortung ist der Schlüssel zu unserer Macht. Verantwortung ist die Macht, etwas zu verändern und unser Leben voranzubringen und auf eine höhere Stufe zu heben, sowohl für andere Menschen als auch für uns selbst. Es scheint so, dass wir bestimmte Ereignisse in unserem Leben herbeiführen, bei denen es sich um entscheidende Lektionen handelt. Wenn wir diese Lektionen nicht lernen und die Ereignisse nicht heilen, obwohl es uns möglich gewesen wäre, lähmen sie uns. Dann verlieren wir die Hoffnung im Leben und in uns selbst. Wir ziehen uns zurück und lassen unser Licht nicht länger leuchten. Wir werden zum Schatten unseres früheren Selbst. Unser Leben wird von der Vergangenheit und von der durch die Selbstkonzepte unseres Egos erzeugten Trennung bestimmt. Alle Probleme kommen aus der Vergangenheit und das erzeugt Angst vor dem nächsten Schritt. Jedes Problem ist eine Angst davor, den nächsten Schritt zu gehen, unsere Lebensaufgabe zu erfüllen und unsere Bestimmung anzunehmen.

Die Welt ist ein großes Videospiel. Wir steigen in das Spiel ein und setzen es an dem Punkt fort, an dem wir es beim letzten Mal verlassen haben. Unsere Seele hofft, uns voranzubringen und sogar das Spiel selbst zu überschreiten. Das Ego brauchen wir nur zu Beginn unseres Lebens, um uns zurechtzufinden. Es ist spätestens im Alter von neunzehn Jahren überflüssig geworden, versucht aber trotzdem immer noch, uns zu trennen, obwohl die Antwort in Verbindung und Zusammenarbeit liegt, wenn wir uns selbst und nicht unserem Ego treu bleiben wollen. Die Familie, für die wir uns entschieden haben, steht für die zentralen Selbstanteile, die wir in diesem Leben heilen und integrieren wollten. Das Maß, in dem wir unserer Familie nicht vergeben können und in dem wir uns nicht mit ihr verbinden können, entspricht dem Maß, in dem wir uns für unser Handeln in unseren „vergangenen Leben" selbst nicht vergeben können. Wenn wir kein Urteil über uns selbst gefällt hätten, könnten wir das Verhalten aller anderen Menschen als Hilferuf erkennen. Wenn es uns gelänge, jedes negative Verhalten eines anderen Menschen, das uns zum Opfer gemacht hat, als einen Hilferuf zu erkennen, wären wir frei. Wir haben genau die inneren Gaben in dieses Leben mitgebracht, die wir brauchen, um diese Opferereignisse zu heilen. Sie werden später benötigt, um unsere Lebensaufgabe zu vollenden, und in jeder Lektion schenkt der HIMMEL uns die Wunder, die unsere Heilung unterstützen. Wenn wir uns an diesen wichtigen

Scheidewegen auf die Seite des Egos gestellt und ein Ereignis benutzt haben, um uns zurückzuziehen, gehen wir den Weg des Egos und nicht den Weg des HIMMELS, der in Wahrheit unser Weg ist. Unser jetziger Partner und unsere früheren Partner sind die Werkzeuge, durch die wir auf dem Weg zurück zum HIMMEL und zum EINSSEIN zentrale Aspekte lernen sollen. Es ist auch jetzt noch möglich, unsere Vergangenheit mit unserer Familie und unseren früheren Partnern zu heilen und auf diese Weise unsere jetzige Partnerschaft zu ermächtigen und zu stärken. In *Ein Kurs in Wundern* (T-7. XI.3:11) heißt es, dass wir allem, was wir sehen und berühren und woran wir uns erinnern, die LIEBE GOTTES schenken können. Alle Missgeschicke in unserem Leben können so berichtigt werden, dass sie unser Glück und unseren Erfolg fördern und nicht das Ego und seine Besonderheit, die zu Konkurrenz, selbstgerechtem Verhalten, Urteilen und Groll führt. Diese Eigenschaften des Egos verbergen Schuld, Angst und auch alle anderen negativen Emotionen. Der Weg des HIMMELS ist von Liebe und Selbstliebe erfüllt. Der Weg des Egos ist von Angriff und Selbstangriff erfüllt. Wir können unseren Geist jederzeit in die Obhut des HIMMELS geben, tags und nachts, wenn wir leiden und in Versuchung gefangen sind, oder von Minute zu Minute, wenn wir eine Entscheidung treffen müssen.

Das Spiel des Lebens ist das wichtigste Spiel, das du jemals spielen wirst. Wie gut du es spielst, wird an der Liebe, Freude und Hilfsbereitschaft gemessen, die du zu einem Teil deines Lebens machst. Es zeigt sich an deiner Größe und nicht an deiner Kleinheit, in der du deinen Wesenskern und deine Wahrheit aufgegeben hast, um dich anzupassen und von anderen anerkannt zu werden. Doch jetzt kannst du, wie es in *Ein Kurs in Wundern* (T-31.VIII.1:5) heißt, noch einmal wählen. Es heißt dort auch, dass die Erfüllung deiner Lebensaufgabe der Weg ist, der dich am schnellsten zu deiner Größe zurückbringt. Es scheint, dass wir auf immer tieferen Ebenen ein immer höheres Maß an Heilung erlangen, damit wir uns auf ein höheres Bewusstsein hin entwickeln können, bis wir den Punkt der Transzendenz erreichen. An diesem Punkt können wir aus der Zeit und einmal mehr zur Erkenntnis der Ewigkeit erwachen, in der wir schon immer so waren, wie wir geschaffen wurden.

Wir wollen also unser Seelenversprechen halten, den Menschen zu helfen, denen wir Hilfe versprochen haben, und den versprochenen Beitrag zur Heilung der Welt leisten. Auch wenn es größere Lektionen und Rückschläge im Leben geben kann, nehmen die Freude und die Weisheit immer mehr zu. Du gewinnst das Spiel des Lebens, indem du es überschreitest. Du lässt deine Anhaftung an die Welt und an das los, was sie dir deiner Meinung nach zu geben vermag. Stattdessen wendest du dich nach innen und findest in dir alles, was du gesucht hast.

33

Radikale Akzeptanz

Es gibt einen Ort im Stadium der Meisterschaft, den du erreichst, wenn du dich immer weiter entwickelst und dich in Liebe ausdehnst. Dieses Fundament gibt dir als hochsensiblem Menschen die Möglichkeit, in deinen natürlichen Zustand im Stadium der Einheit und darüber hinaus voranzugelangen. Es gibt im Stadium der Meisterschaft keinen Ort, den es zu erreichen gilt, weil du **hier** ankommen willst. Und es gibt nichts, was unbedingt getan werden müsste, weil alles **jetzt** geschieht. Wenn das TAO dir etwas aufträgt, das du tun sollst, tust du noch nicht einmal das, weil ES das, was ES dir aufträgt, ebenso wie deine Lebensaufgabe durch dich vollbringt.

Es liegt in der Natur der Akzeptanz, dass wir unsere Anhaftungen loslassen und auf das vertrauen, was sich entfaltet. Akzeptanz beinhaltet darüber hinaus auch Selbstvertrauen und Integration. Unser Wunsch, Dinge zu verändern, steht dem Bewusstsein der Meisterschaft im Weg, in dem wir zentriert, geduldig und im Frieden sind. Im Stadium der Meisterschaft versuchen wir nicht, das Außen zu verändern. Wir verändern vielmehr unseren Geist, weil unser Geist und die Welt verbunden sind. Hier beginnt unsere Suche nach der Pforte, die durch die Zeit und in die Ewigkeit führt. Akzeptanz bringt Geduld mit sich und in *Ein Kurs in Wundern* (T5-VI.12:1) heißt es dazu, „dass nur unendliche Geduld sofortige Wirkungen zeigt." Die Geduld bringt uns ins **Hier** und **Jetzt**, das die Heimat der Liebe und der Freude ist. Es ist der Ort, an dem wir der Vergangenheit und der Zukunft entfliehen und ins ewige Jetzt gelangen. Nur das *Jetzt* ist die Pforte, die nach Hause ins *Jetzt* der Ewigkeit führt. Im Stadium der Meisterschaft steht der Wunsch, Dinge zu verändern, dem TAO im Weg. Der HEILIGE GEIST befasst sich mit Veränderung, weil ER sowohl in der Ewigkeit als auch in der Welt der Zeit, der Illusion und der Veränderung ist. ER ist ein Teil des GEISTES GOTTES und ein Teil unseres Geistes. ER ist für die Entwicklung der Welt von der Veränderung hin zur Unveränderlichkeit zuständig. Der tiefe Frieden der Meisterschaft und seine Partnerschaft mit dem HIMMEL ermöglichen dem TAO oder dem HEILENDEN GEIST, durch dich hindurchzufließen und tiefgreifende Veränderung in deinem Umfeld zu bewirken. Dadurch lebst du ein Leben, in dem du alles akzeptierst und nur danach strebst, dich selbst zu verändern. Wenn wir das, was uns nicht gefällt, akzeptieren, gelangen wir einen Schritt darüber hinaus. Vollkommene Akzeptanz beschleunigt den Prozess der Entwicklung, der uns mühelos zu unserem Wesen als reiner Geist und zur Erfahrung des EINSSEINS. zurückführt. Das Stadium der Meisterschaft ist das letzte wichtige Stadium, ehe wir die Ebene der radikalen Abhängigkeit und ihr erstes Stadium, das Stadium der Einheit, erreichen. Mit seinen erlösenden Gaben ist es die natürliche Bestimmung eines hochsensiblen Menschen. Es rückt eine erfülltere und freudvollere Sicht in den Mittelpunkt, die zu meistern er sich zum Ziel gesetzt hat. Unsere Bestimmung und das Glück, das sie bringt, sind die größten Geschenke, die wir der Welt machen können, weil wir damit unseren Platz im Pantheon des Lichts einnehmen. Dies ist der letzte Schritt, bevor unsere Erde von einer Welt des Todes zu einer HIMMLISCHEN Welt aufsteigen kann.

Was du ablehnst, verstärkst du. Was du akzeptierst, lässt du hinter dir. Du gehst einen Schritt voran. Wenn du einige Schritte gegangen bist, beginnen die ersten Schritte der Akzeptanz, des Schmerzes und des Widerstandes allmählich zu verblassen. Die dunklen Erinnerungen der Vergangenheit, die Schmerz jeder Art enthalten, sind Ausdruck der Dinge, die du nicht akzeptierst hast, sondern jetzt benutzt, um dein Leben mit dunklen Ereignissen oder dem enorm hohen Preis von Kompensation und Leblosigkeit zu erfüllen. Lasse deine Vergangenheit heute Revue passieren, um alten Schmerz und die Dinge zu finden, die du nicht akzeptieren willst. Schuld und Kontrolle weisen ebenfalls auf alte Orte hin, an denen du etwas nicht akzeptieren willst. Du kannst sie nun akzeptieren und dich sowohl von der Vergangenheit als auch von dem Schmerz befreien, den sie in die Gegenwart trägt. Als hochsensibler Mensch stellst du vielleicht fest, dass du viele Wagenladungen an Ballast hinter dir herziehst, die dir die Energie rauben und eine Vergangenheit wiederauferstehen lassen, die du gehasst hast. Dieser Ballast steht zwischen dir, dem HIMMEL und der Liebe, die du in der Gegenwart erfahren kannst. In Wahrheit ist die Vergangenheit vorbei. Es gibt nur das Hier und Jetzt und du als hochsensibler Mensch hat die große Chance, hier und jetzt anzukommen.

34

Schwelgen und Privilegierung

Es ist von entscheidender Bedeutung, dass hochsensible Menschen die Gabe ihrer Sensibilität nutzen, um ein hohes Maß an Bewusstheit aufrechtzuerhalten. Die Liebe spielt dabei die wichtigste Rolle. Wenn wir uns selbst immer weiter ausdehnen, wird die Welt mit Liebe gesegnet. Wir sind in die Welt gekommen, um zu helfen, und wir tun es zuerst durch unser Handeln und später durch das, wofür wir stehen. Im Laufe unserer Entwicklung besteht unsere Hilfe in unserer Bestimmung, in dem, was wir in der menschlichen Welt sind, und schließlich in dem, als der wir uns in der geistigen Welt erkannt haben.

Integrität ist alles. Ohne Integrität verlieren wir die Orientierung, weil wir in Bezug auf die wichtigen Dinge im Leben die falschen Prioritäten setzen. Wir streben nach weltlichen Dingen, die keinen echten Wert besitzen und lediglich zu Zerstreuung und Ernüchterung führen können. Wir machen uns selbst etwas vor, wenn es darum geht, was wichtig ist. Wir bauen ein falsches Selbstbild auf, das wir gegen jede Kränkung verteidigen, obwohl wir selbst diejenigen sind, die in Kleinheit investiert haben. Um uns anzupassen, haben wir unser göttliches Geburtsrecht aufgegeben. Wir leben in einer Welt, die wir verurteilt haben, weil wir an unsere eigene „Sünde" glauben. Wir benutzen sie in erster Linie, um uns selbst zu bestrafen, aber auch, um andere Menschen anzugreifen, die wir für sündig erachten, damit wir uns nicht mit der Sünde auseinandersetzen müssen, die wir in uns tragen. Verletzung, Selbstbestrafung und Schuld sind hinterlistige Mittel, die das Ego benutzt, um festzuhalten.

Wir sind dazu aufgefordert, auf unsere Gedanken zu achten. Wenn wir das Gefühl haben, dass wir emotional vom Weg abgekommen sind, verhindern alte Glaubenssätze, die zu Gedanken und Emotionen in der Gegenwart führen, dass wir unseren Weg wiederfinden. Wenn wir uns dabei ertappen, dass wir negativ denken, können wir entweder unseren Geist dem HIMMEL übergeben, damit er ihn korrigiert, oder wir können darum bitten, dass dieser Anteil des Egos, seine Selbstkonzepte und alles, was diesen Glaubenssätzen ähnlich ist, sich in unser höheres Bewusstsein hinein auflöst. Dadurch wird die Illusion wieder in Frieden und ein höheres Maß an Ganzheit zurückverwandelt, das ein höheres Maß an Liebe und Glück bringt, die das wahre Ziel unserer Entwicklung sind. Um es zu erreichen, müssen wir die Illusionen auflösen, die den Platz unserer Ganzheit einnehmen.

Es ist sehr wichtig, dass wir uns der Orte in unserem Leben bewusst sind, an denen wir schwelgen, denn Schwelgen kommt niemals allein, sondern bildet immer einen Teufelskreis mit Aufopferung. Das ist der Plan des Egos, um uns in einer langweiligen, nicht authentischen Welt gefangen zu halten, in der einzig Vergnügen und Schwelgen uns scheinbar ein wenig Erleichterung bringen. Doch in Wirklichkeit machen sie uns nur müde. Dann müssen wir uns vom Schwelgen ebenso erholen wie von unserer Aufopferung. Frage dich, wie viele Teufelskreise der Aufopferung und des Schwelgens du in dir trägst. Du kannst sie zusammen mit wundergesinnter Vergebung auf dem ALTAR DER WAHRHEIT ablegen, damit sie aufgelöst und durch Wahrheit, Authentizität und Verpflichtung ersetzt werden. Achte also stets auf deine emotionale Verfassung. Alles, was nicht vollkommene Lebendigkeit ist, ist ein Fehler, der zusammen mit wundergesinnter Vergebung auf dem Altar der Wahrheit abgelegt werden kann.

Achte darauf, was in deinem Umfeld vor sich geht. Wenn du zum Beispiel oft Zorn oder Herzensbruch beobachtest, trägst du diese Dinge ebenfalls in dir und sie kommen dir in deinem eigenen Leben immer näher. Wenn du frustriert, ungeduldig oder verzweifelt wirst, weil du dich nicht richtig behandelt fühlst, dann hast du mit an Sicherheit grenzender Wahrscheinlichkeit eine privilegierte Position eingenommen. Zorn oder Verletztheit können die Folge sein, wenn du dich in deiner privilegierten Position bedroht fühlst. Rasse, Glaube, Geschlecht, Nationalität, Beruf oder Familie können die Gründe dafür sein, dass du diese privilegierte Position eingenommen hast. In dieser Position kannst du blind sein für das, was du tust. Doch die vermeintliche Überlegenheit gegenüber anderen Menschen hat zur Folge, dass du in einen Teufelskreis aus Überlegenheit und Unterlegenheit gerätst.

Privilegiertes Denken führt zur Verleugnung und macht uns blind für die Ungerechtigkeit, die es schürt. Vorurteile, Rassismus und privilegiertes Denken sind eine Kompensation für Gefühle der Unzulänglichkeit. Diese Teufelskreise kannst du neben der wundergesinnten Vergebung auf dem ALTAR DER WAHRHEIT ablegen. Du kannst deinen Engel bitten, die himmlische Beschleunigungstaste zu betätigen, um unmittelbare Ergebnisse zu erzielen. Es braucht wirklich keine Zeit, um dich von Illusionen zu befreien, wenn du nicht an ihnen anhaftest. Gib dich nicht mit einem halben Leben zufrieden. Es soll vielmehr ein Ausdruck des Besten sein, was das Leben zu bieten hat.

Spüre jeden Morgen nach, wie du dich körperlich, emotional und geistig fühlst. Übergib dem HEILIGEN GEIST in dieser Zeit deinen Geist und CHRISTUS dein Ego und deinen Körper. Tue es im Laufe des Tages immer dann, wenn du müde bist oder das Gefühl hast, dass es dir an Einfühlungsgabe mangelt. Benutze dein Alter oder eine persönliche oder kollektive Situation nicht als Ausrede, um dich zurückzuhalten. Es ist deine Bestimmung, alle diese Dinge gemeinsam mit dem HIMMEL zu überschreiten. Alle Symptome, Angriff und Schuld eingeschlossen, verbergen lediglich deine Angst. Du kannst aber nur dann Angst haben, wenn du urteilst, angreifst oder versuchst, etwas aus eigener Kraft zu tun. Alle diese Dinge verblassen, wenn du dich wieder an deine Partnerschaft mit dem HIMMEL erinnerst. Der HIMMEL ist mit dir. Buddha ist mit dir. Kuan Yin ist mit dir. CHRISTUS ist mit dir und das weißt du, wenn du es nicht vergessen hast. Alle HIMMLISCHEN Heerscharen werden dir helfen, wenn du dir wieder ins Gedächtnis rufst, WER mit dir geht.

Bleibe also bewusst und erinnere dich daran, WER an deiner Seite ist, um dir zu helfen. Jeder Angriff oder Rückschlag ist entweder eine Entscheidung oder ein selbstsabotierender Glaubenssatz, der eine alte Entscheidung zementiert. Du magst glauben, dass du mit dem, was dir widerfahren ist, nichts zu tun hast, aber du hast dein Ego erschaffen, das dich nun angreift. Jeder Rückschlag zeugt sowohl von Angriff als auch von Selbstangriff. Nur wenn du dich als sündenlos erkennst, greifst du weder dich selbst noch andere Menschen an. Deine Schuld entspricht nicht der Wahrheit. Wahr ist allein, wie GOTT dich als Licht und Liebe erschaffen hat. Alles andere ist eine Erfindung, die das Ego benutzt, um seine Macht zu festigen und eine illusionäre Welt zu errichten. Du bist weit größer als dein Ego. Gib dich nicht mit weniger zufrieden. Entdecke, wer du wirklich bist und welchen Beitrag du als hochsensibler Mensch leisten wolltest. Dort wartet deine geistige Bestimmung als reiner, grenzenloser Geist und Teil des EINSSEINS darauf, dass du sie verwirklichst. GOTT hat dich als Teil SEINER SELBST geschaffen. ER wäre unvollständig ohne dich. Das ist dein Privileg als Teil von GOTT, doch es ist nicht das Privileg, das Besonderheit von anderen fordert. Du verdienst alles. Es gibt keine Notwendigkeit zu schwelgen, wenn du glücklich und erfüllt bist. Schwelgen mag zwar verlockend erscheinen, ist aber eine große Leidensquelle, denn es fördert Nehmen und Bekommen, die unweigerlich zu Schmerz führen. Glück kommt daher, dass du gibst, das Leben auskostest und dich mit anderen Menschen verbindest. Wenn du in deinem Umfeld keine glücklichen Menschen siehst, bist du möglicherweise derjenige, der dazu berufen ist, ihnen das Glück zu bringen.

35

Die Hochzeitstorte

Dies ist eine einfache Übung, die nicht nur Aufopferung, sondern jedes Problem zu heilen vermag. Aufopferung, Rollen und andere Formen der Kompensation können einem hässlichen Chaos eine hübsche Fassade verleihen. Die versteckte Negativität ist in Wirklichkeit nichts anderes als ein Abwehrmechanismus, um deine Gaben, deine Lebensaufgabe, deine Bestimmung und deine Identität als reiner Geist zu verbergen. Die freudigen Aspekte deiner Wesensnatur als reiner Geist, in denen du Licht und Liebe bist und über grenzenlose Macht verfügst, weil du ein Teil GOTTES bist, sind der ursprüngliche und unantastbare Teil deiner selbst.

Beginne die Übung mit einem beliebigen Symptom oder Problem. Es ist möglich, dass du zunächst eine Reihe von an der Oberfläche liegenden Themen wie Aufopferung, Dissoziation und Unabhängigkeit durchläufst. Wenn deine Heilung voranschreitet, gelangst du jedoch irgendwann nicht nur über die drei grundlegenden Rollen von Aufopferung, Unabhängigkeit und Opfer, sondern auch über den Teufelskreis hinaus, den sie bilden, um dich von Erfolg und Nähe fernzuhalten. Unter den oberen Schichten entdeckst du Schichten von Rache und Schmerz, gefolgt von tieferen Schichten der Schuld und des Versagens. Sie alle sind ein Abwehrmechanismus gegen die Angst, die unter jedem Problem verborgen liegt.

Stelle dir alle diese Schichten wie eine große Hochzeitstorte vor, bei der die oberste Schicht mit der darunter liegenden Schicht verschmilzt und in sie integriert wird. Heilung hat stets mit Integration zu tun. Vertraue dem Prozess, egal ob dir die Verbindung der beiden Schichten anfangs chaotisch vorkommt oder ob es sich anfühlt, als sei der Prozess abgeschlossen. Wenn immer mehr Schichten zutage treten und integriert werden, entstehen allmählich Ganzheit und Frieden. Nimm wahr, wie es sich anfühlt, wenn sich die einzelnen Schichten verbinden. Erspüre dann intuitiv die nächste Schicht aus Kompensation oder Schmerz und integriere sie mit der darüber liegenden Schicht.

Die Menschen zeigen nach außen hin üblicherweise eine gute, liebe und nette Fassade, halten sich unbewusst aber für schlecht und bösartig. Mit dieser Übung kannst du Schichten heilen, die bis zur falschen Einstellung chronischer Probleme und noch tiefer bis zur dämonisch-astralen Ebene hinabreichen, auf der du einen Anteil deines uralten Egos verurteilt und abgespalten hast. Diese Schicht ist nur ein Abwehrmechanismus des Egos gegen erlösende, erneuernde Gaben und unsere wahre Güte. Sie ist in Wirklichkeit nur eine dünne Fassade, die dein wahres Wesen als Licht, Liebe und reiner Geist verdeckt. Verschmelze diese Schichten so lange miteinander, bis du die ursprüngliche Schicht der LIEBE erreichst.

Du kannst die Übung auch mit einer schmerzhaften Emotion beginnen und alle Schichten der Hochzeitstorte integrieren, bis du das prickelnde Gefühl des reinen Geistes erreichst, der dein wahres Wesen ist.

36

Kompensation und Burnout

Wenn wir uns zu sehr anstrengen, wenn wir zu viel auf uns nehmen, wenn wir versuchen, alles aus eigener Kraft zu schaffen, kann das leicht zu einem Burnout führen. Es zeigt, dass wir nach Rollen leben, aber Rollen vermögen uns nicht zu tragen. Sie sind nicht authentisch. Wir tun das Richtige aus dem falschen Grund. Eine Rolle sucht nach Anerkennung und verbirgt zugleich Schuld. Wir tun sehr viel, aber wenn wir unter Stress stehen, kümmern wir uns vermutlich nicht um uns selbst. Wenn der letzte Tropfen das Fass zum Überlaufen bringt, erleiden wir einen Burnout. Wir durchleben erneut den Schmerz und die Schuld, die uns dazu gebracht haben, nach der Rolle zu leben, die wir als Abwehrmechanismus benutzt haben, und wir haben wieder das Gefühl, um unser Überleben kämpfen zu müssen. Das führt uns, bewusst oder unbewusst, in einige der schlimmsten Zeiten unseres Lebens zurück. Das, was wir kompensiert und verborgen haben, wird jetzt offenbart. Es fühlt sich schrecklich an, wenn es aufgedeckt wird, aber nur wenn es aufgedeckt wird, kann es geheilt werden.

Der schnellste Weg, dich von einem Burnout zu erholen, besteht darin, das innere Kind zu finden, das um sein Überleben gekämpft hat. Bitte die Engel um Hilfe und liebe das Kind, bis es heranwächst und dein jetziges Alter erreicht, in dem es wieder mit dir verschmilzt. Wenn du dich von einem Burnout erholst, gewinnst du nicht immer das volle Maß an Lebendigkeit zurück, das du vorher besessen hast. Um deine Lebenskraft wiederherzustellen, musst du die Rache aufgeben, die begonnen hat, als du dich „geopfert" und angefangen hast, eine Rolle zu spielen.

Ein Herzensbruch kann eine Form von Burnout sein, der in einer Situation begonnen hat, in der du die Rollen der Aufopferung, der Unabhängigkeit und des Opfers angenommen hast. Sobald du bei solchen Ereignissen den Wunsch nach Rache loslässt, kannst du die Türen öffnen, die du vor dir selbst und vor dem Leben verschlossen hast. Das Maß deiner Energie und deiner Begeisterung kann dir auch zeigen, vor welchen anderen Bereichen du die Tür verschlossen und dich zurückgezogen hast. Dazu können beispielsweise Liebe, wahre Liebe, Partnerschaft, Sex, Erfolg, Glück, Mühelosigkeit, Freiheit, Mut, Authentizität und der HIMMEL gehören. Du kannst dich dafür entscheiden, wieder auf diese Bereiche zuzugehen und Kontakt mit ihnen aufzunehmen, um Mühelosigkeit, Fluss, Erfolg und Nähe wiederherzustellen. Anschließend kannst du den HIMMEL darum bitten, dir die Selbstanteile zurückzubringen, die du weggeworfen hast, als du um dein Überleben gekämpft hast. Bei einem Burnout hast du in Kleinheit investiert. Stattdessen kannst du die Gabe öffnen, die du mitgebracht hast, um Heilung zu erlangen und erfolgreich zu sein, und dann die Gabe des HIMMELS empfangen, um dich und alle anderen an der Situation beteiligten Menschen zu segnen.

Als hochsensibler Mensch hast du sowohl eine große Lebensaufgabe als auch eine große Bestimmung und dein Ego setzt alles daran, dich von deinem Weg abzubringen. Um einem Burnout generell vorzubeugen, denke daran, WER mit dir geht, denn einen Burnout kannst du nur erleiden, wenn du unabhängig bist und versuchst, alles aus eigener Kraft zu tun. Unabhängigkeit gehört zu den zerstörerischsten Rollen, die es gibt. Sie kompensiert nicht nur Opferrollen und Rollen der Aufopferung, sondern auch ein hohes Maß an Schmerz. Wir benutzen sie sehr oft, um unseren alten Schmerz und unsere Aufopferung zu verbergen. Es ist unmöglich, einen Burnout zu erleiden, ohne eine Rolle zu spielen oder uns aufzuopfern. Deshalb ist es wichtig, dass wir uns der Wahrheit und einem Leben im Gleichgewicht verpflichten. Langfristig können wir so viel mehr erreichen und uns gleichzeitig selbst einbeziehen – ein zentrales Element, wenn es um Nähe und Erfolg geht.

37

Ärger und Desillusionierung

Wenn die Träume eines hochsensiblen Menschen zerschlagen werden, wenn er keinen Ort hat, dem er sich zuwenden kann in der Hoffnung, voranzukommen, wenn es niemanden gibt, der ihn inspiriert, und wenn das Familienleben, das er führt, unterdrückerisch, aussichtslos und unhaltbar erscheint, kann er verärgert und desillusioniert werden. Er will den alten Weg nicht weitergehen und er ist nicht bereit, seine eigene Autorität zu akzeptieren. Wenn das geschieht, ist es wahrscheinlich, dass er sich gegen seine Desillusionierung auflehnt und alles angreift, was ihm autoritär erscheint. Er ist in der Vorstellung gefangen, dass Größe durch Trotz definiert wird und dass Angriff ein Teil seiner Lebensaufgabe ist. Weil er in eine Falle des Stadiums der Einheit getappt ist, die für alle, vor allem aber für hochsensible Menschen eine Gefahr ist, wird er leicht zu „einer Fahne, die gegen ihren Fahnenmast kämpft", wie der Dichter Richard Shelton es in einem seiner Gedichte einmal über sich selbst und seinen Vater geschrieben hat.

Der Ärger eines hochsensiblen Menschen hat eine gewisse Berechtigung, aber seine Einstellung und seine Energie sind von entscheidender Bedeutung, wenn er ihn integrieren und sich weiterentwickeln will. Anderenfalls kann ihn sein Ärger zurückhalten. Deshalb ist es wichtig, dass ein hochsensibler Mensch das integriert, was er vermitteln will, selbst wenn die

Übermittlung fehlgeleitet ist. Wenn eine Botschaft mit einem Angriff übermittelt wird, erwidern andere Menschen sie für gewöhnlich mit Abwehr, die genau das verstärkt, wogegen er ankämpft. Wenn du gegen etwas kämpfst, dann glaubst du, dass es wirklich ist, und verstärkst es durch deinen Angriff. Selbst wenn jemand mit dem Grund für seinen Angriff im Recht ist, heiligt der Zweck nicht die Mittel. Angriff verstärkt Angst und bildet gemeinsam mit ihr einen Teufelskreis. Dieser Prozess arbeitet gegen die Wahrheit. Wenn viele hochsensible Menschen gleichzeitig in einem Kampf gefangen sind, so weist dies meist auf ein gesellschaftliches Thema hin, das aus dem kollektiven Bewusstsein der Menschheit und ihrer in hohem Maße ungeheilten Vergangenheit hervorgebrochen ist. Der Versuch, eine Sichtweise durch Angriff oder Kampf auszudrücken, führt dazu, dass das Thema chronisch und manchmal auch toxisch wird. Auf einer spirituellen Ebene ist das, was wir bekämpfen, nur eine Illusion und spiegelt nur das wider, was wir von uns selbst glauben und nach außen projiziert haben.

Weil jeder Angriff vom Ego ausgeht, versuchen das uralte Ego oder die dämonische Ebene die Situation zu beeinflussen. Wenn sie einen hochsensiblen Menschen dazu bringen können, dass er angreift, dann wird er von dem hohen Maß an Schmerz, Angst und Ernüchterung, das mit dem Angriff einhergeht, aus der Bahn geworfen und das Ego hat gewonnen. Angriff ist eine Situation, in der eine Seite gewinnt und die andere Seite verliert, und er setzt einen Teufelskreis in Gang, der dich für den Rest deines Lebens gefangen halten kann. Dies ist eine der letzten Fallen, die das Ego einem hochsensiblen Menschen stellen kann, um zu verhindern, dass er seine Lebensaufgabe verwirklicht und seine Bestimmung annimmt. Ein hochsensibler Mensch muss immer wachsam sein, um sich nicht in selbstgerechte Empörung zu verstricken, weil sie nur Schuld verbirgt und die Projektion verstärkt. Um Meisterschaft zu erlangen, sind wir aufgefordert, die Verantwortung für das zu übernehmen, was wir sehen und bekämpfen. Kampf bringt keinen Ruhm. Er vergeudet nur Zeit, die wir besser nutzen könnten, um zu segnen, Heilung zu erlangen und uns weiterzuentwickeln. Im Laufe seiner Entwicklung erkennt ein hochsensibler Mensch, dass der einzige Trost in dieser Welt auf der geistigen Ebene zu finden ist, nämlich in Liebe, Freude, Kreativität und Hilfsbereitschaft. Er ist nicht im Gewinnen, im Rechthaben oder darin zu finden, dass wir unseren Willen durchsetzen.

Wenn wir verärgert sind, kämpfen wir gegen den, der wir zu sein glauben. Wenn wir das, wogegen wir kämpfen, nicht in uns trügen, wäre es nichts weiter als ein Hilferuf. Ärger ist eng mit dem Autoritätskonflikt verknüpft, der eine der Wurzeln aller Probleme ist. *Ein Kurs in Wundern* (T-3.VI.7:3) bezeichnet ihn als „die Wurzel allen Übels". Wir greifen genau die Menschen an, die unsere Hilfe brauchen und denen zu helfen wir aufgerufen sind.

Auf der tiefsten Ebene haben wir die Situation, die unseren Ärger bewirkt hat, selbst herbeigeführt. Das Ego verfolgt damit viele Ziele, will vor allem aber unsere Schuld verdrängen und das Ereignis nutzen, um uns von einem Teil des Ärgers zu befreien, der von unseren vielen Misserfolgen herrührt.

Damit ein hochsensibler Mensch seinen Auftrag erfüllen kann, ist es sehr wichtig, dass er sich nicht in Ärger und Desillusionierung verstrickt. Sie weisen uns immer darauf hin, wo wir aufgerufen sind, an unserer Heilung zu arbeiten, uns zu ändern und einem anderen Menschen zu helfen. Ärger kommt vom Ego, das es gewohnt ist, durch Aggression oder Schuld zu kontrollieren. *Wenn du verärgert bist, bist du im*

Unrecht, auch wenn du im Recht bist. Jedes Mal, wenn du einen anderen Menschen angreifst, greifst du dich selbst an. Ärger, Angriff, Groll und Selbstangriff zeigen, dass wir vom Weg abgekommen sind, und wenn wir die Wahrheit lieben, legen wir unser Handeln auf dem ALTAR DER WAHRHEIT ab und bitten um ein Wunder, um uns zu befreien. Wir wollen dies mit allem Groll tun, den wir aus der Vergangenheit in uns tragen, und mit allem Ärger, den wir in der Gegenwart empfinden.

38

Die Bergkette des Ärgers

Ärger kann sich in einer ganzen Reihe von Emotionen zeigen, die von leichter Verstimmung bis hin zu weißglühendem Zorn reichen können. Auf den tieferen Ebenen des Bewusstseins wird jedoch selbst die kleinste Verstimmung zu einem gewaltigen Wutausbruch. Dazwischen gibt es alle denkbaren Abstufungen wie Gereiztheit, Abneigung, Verurteilung, Feindseligkeit, Groll, Angriff, Selbstangriff, Rache und den Ärger, der sich unter Opferereignissen, Unfällen und Krankheit verbirgt. Ebenfalls dazu gehören alle nur denkbaren Arten von Rückschlägen, Leiden und Selbstkreuzigung.

Selbstangriff ist immer ein Angriff gegen wichtige Menschen in unserem Leben und gegen GOTT. Das gilt natürlich auch für das Gegenteil. Alles, was du einem anderen Menschen zufügst, fügst du dir selbst zu. Unser Wunsch, andere Menschen zu kontrollieren, zeugt davon, dass wir Herzensbruch und Ärger in uns tragen. Kontrolle ist ein Versuch, andere Menschen aus Angst unter Druck zu setzen und zu beherrschen. Es kann die Angst sein, dass deine Bedürfnisse nicht erfüllt, werden, Angst vor Verlust, Angst vor Zurückweisung, Angst, dass du selbst oder jemand anderer verletzt wird, Angst vor Konflikt, Angst, deinen Willen nicht durchsetzen zu können oder nicht mit der Besonderheit behandelt zu werden, die du zu verdienen glaubst. Es kann sogar Angst vor deinen Gaben, deiner Lebensaufgabe oder deiner Bestimmung sein, weil du befürchtest, dass du unzulänglich bist und nicht das nötige Rüstzeug hast, um erfolgreich zu sein. Das führt dazu, dass du stattdessen kontrollierst. Ärger ist teils Angst und teils Erwartung. Eine Erwartung ist eine Forderung, die auf Angst fußt. Ärger heißt, dass du andere Menschen unter Druck setzt und versuchst, sie durch Angriff und Schuld zu kontrollieren. Damit gewinnst du vielleicht die Schlacht, verlierst in der Regel aber den Krieg, weil die Menschen sich entweder von dir zurückziehen oder vor dir katzbuckeln.

In spirituellen Kreisen heißt es, dass Ärger deinen Verdienst verzehrt. Er ist also ganz offensichtlich ein Fehler. Ärger zeigt, dass wir an etwas anhaften, ein Bedürfnis nach etwas haben, und genau dieser Aspekt des Bewusstseins ist es, der Illusionen und Träume erzeugt. Unsere nächtlichen Träume zeigen unsere verborgenen Wünsche. Unser Tagtraum ist ebenso ein Spiegel sowohl unserer bewussten als auch der Wünsche, die wir in den tieferen Bewusstseinsschichten vor uns selbst verborgen haben. Es gibt einen unausgesprochenen Aspekt des Ärgers, der sich selbst als privilegiert betrachtet. Hier glauben wir, dass andere Menschen uns etwas schuldig sind und dass sie die Dinge so tun müssen, wie wir es wollen, weil unser Weg in unseren Augen der einzig richtige Weg ist. Das ist das genaue Gegenteil von Ebenbürtigkeit, Gleichheit und der Einheit, die Fülle bringt.

Hochsensible Menschen können sich leicht in Besonderheit und Arroganz verstricken, anstatt Demut zu empfinden und sich auf ihre Größe zu besinnen. Wer sich seiner Lebensaufgabe verschrieben hat, der ist an Besonderheit nicht interessiert. Wir können sehr rasch in den Teufelskreis aus Privilegierung und Vernachlässigung geraten, der andere

Menschen und somit auch dich zu einem Objekt macht und dadurch die Feinheit und Einstimmungsfähigkeit negiert, die du als hochsensibler Mensch hast und bist. Deine Privilegierung und die mit ihr verbundene Anmaßung blockieren Bewusstheit und Lernerfahrungen und das kann wiederum zu Stillstand führen, der noch mehr Frust, Enttäuschungen und Forderungen zur Folge hat. Ärger erklärt, dass jemand etwas berichtigen muss, um dich glücklich zu machen. Er fußt auf der Annahme, dass andere Menschen für dein Glück und dein Wohlbefinden verantwortlich sind. Dies ist einer der größten Fehler, die du im Leben und in Beziehungen machen kannst, und er ist fast immer die Ursache für unser Leiden. Wenn wir auf diese Weise einmal vom Weg abgekommen sind, brauchen wir dringend eine Kurskorrektur und müssen uns verpflichten, die volle Verantwortung für uns selbst und für die Menschen in unserem Umfeld zu übernehmen. Wenn du glaubst, dass andere Menschen dir Unrecht getan haben und sich entschuldigen sollten, bist in Wirklichkeit du derjenige, der den Fehler gemacht hat und sich entschuldigen sollte. Um das zu erkennen, musst du das Unterbewusstsein und das Unbewusste dazu bringen, sich dir zu offenbaren. *Wir benutzen* alle negativen Ereignisse und die daran beteiligten Menschen als Ausrede. Wenn wir uns unserer Heilung verpflichtet hätten, dann wüssten wir, dass unerwünschte Dinge nur eine Widerspiegelung unseres inneren Bewusstseins sind und uns als Chance zur Heilung präsentiert werden, und wir könnten sie benutzen, um Frieden zu erlangen, statt ärgerlich zu werden. Dazu können uns beispielsweise die folgenden Worte der Kraft aus *Ein Kurs in Wundern* dienen: „Ich will dies nicht als Hindernis für den Frieden, sondern als ein Mittel für den Frieden benutzen." „Ich will nicht auf den Irrtum, sondern stattdessen auf das

Antlitz Christi schauen." „Ich will diesen Groll um des Wunders willen loslassen, das er verbirgt." „Ich könnte stattdessen Frieden sehen."

Es ist wichtig zu wissen, dass das, worüber wir uns bei anderen Menschen ärgern, immer nur das ist, worüber wir uns bei uns selbst ärgern. Menschen, die du als besonders „nervig" empfindest, spiegeln dir wider, was du an dir selbst als besonders „nervig" empfindest. Die Welt ist ein großer Spiegel, in dem du dich selbst und die Dinge siehst, die du an dir verurteilt und abgespalten hast. Wir suchen nach dem Frieden GOTTES, weil er uns Zutritt zum PARADIES gewährt, und nach dem PARADIES erwartet uns der HIMMEL. Wir wollen diese Gelegenheit nutzen, uns zu zentrieren und den Frieden GOTTES in uns zu finden. Was wir außerhalb von uns suchen, kann nur zu emotionaler Unruhe führen, doch es gibt einen besseren Weg, denn Frieden bringt uns Liebe und Gesundheit, Fülle und Gaben. Als hochsensibler Mensch kannst du überempfindlich auf Schmerz und Emotionen reagieren und infolgedessen rasch eine kampfbereite Haltung einnehmen oder du kannst eine Zufluchtsstätte des Friedens sein. Der Weg des Ärgers ist der Weg des Egos, während der Weg des Friedens auf dem Weg zum HIMMEL von Gnade erfüllt ist.

39

Einstimmung, Sühne und Ausrichtung

Einstimmung, Sühne und Ausrichtung erzeugen den Fluss, den ein hochsensibler Mensch mit Freude auskosten kann. Dieser Fluss kann so stark sein, dass es ihm ergeht wie Luke Skywalker, dem angehenden Jedi im Film *Krieg der Sterne*, über den Yoda sagte: „Die Macht ist stark in ihm." Dieses hohe Maß an Fluss kann ein hohes Maß an Glück mit sich bringen, weil es tief mit dem TAO und seiner LIEBE verbunden ist.

Der erste Aspekt ist die Einstimmung. Sie hat mit einem Zusammenspiel von Fühlen und Spüren zu tun. Du stimmst dich auf die Situation und auf die an der Situation beteiligten Menschen ein. Wenn du dich darauf ausgerichtet hast, hast du ein ausgezeichnetes, ja geradezu unheimliches Gespür für den richtigen Zeitpunkt.

Sobald du dich auf die Situation eingestimmt hast, kannst du spüren, was berichtigt werden muss. Dies ist der Aspekt der Sühne. Die Welt ist ein Abbild deines Geistes. Wenn du dich darauf einstimmst, gewährt sie dir einen direkten Blick auf deinen Geist und du kannst die Vergangenheit berichtigen, wenn sie in die Gegenwart getragen wird. Du kannst die Situation und die daran beteiligten Menschen heilen, indem du den Segen der Gabe einbringst, die gebraucht wird, um Ganzheit zu erlangen. Wisse, dass du alles, was benötigt wird, in dir trägst. Du bist das Gegenmittel für jede Situation, die du jemals geschaffen hast. Der HIMMEL gewährt dir gleichzeitig die Wunder, die du brauchst. Du bist immer am richtigen Ort, um zu helfen und sowohl dich selbst als auch andere Menschen weiterzubringen. Dies ist deine Gelegenheit, all das anzuwenden, was du als hochsensibler Mensch gelernt hast. Du kannst spüren, wenn jemand um Hilfe bittet. Du kannst spüren, wie alt der betreffende Mensch war, als er emotional erstarrt ist. Du kannst die Engel herbeirufen und den betreffenden Menschen mit ihrer Hilfe lieben, bis das verwundete Selbst herangewachsen ist und in der Gegenwart wieder mit ihm verschmilzt, sodass neue Integrität und Ganzheit entstehen. Sühne bedeutet in diesem Fall, eine Situation aus der Vergangenheit wiedergutzumachen, die sich in der Gegenwart auf alle Menschen auswirkt. Du bist am Zug und du kannst Wiedergutmachung leisten durch die Liebe, die du in die Situation einbringst. Wenn du liebst, kann es kein Gefühl des Mangels und der Entbehrung geben.

Der dritte Aspekt ist die Ausrichtung. Du kannst dich auf jeden Menschen ausrichten. Du musst nicht unbedingt einer Meinung mit ihm sein, denn damit würdest du womöglich deine Integrität aufgeben, aber du kannst dich mit ihm verbinden. Das ist Hingabe. Ausrichtung ist eine Form der Hingabe, die keinen Widerstand leistet, sondern sich mit dem anderen Menschen so verbindet, dass zwischen seiner Art und deiner Energie eine natürliche Integration stattfindet. Das löst jede Negativität auf. Wenn du ihm Widerstand leistest, dann leistest du diesem Anteil in dir selbst Widerstand. Es ist ein Anteil, den du verurteilt hast und an dem du festhältst, statt ihn zu akzeptieren und ihm zu vergeben. Wenn du den anderen Menschen ablehnst oder bekämpfst, ist das ein Hinweis darauf, wo du im Konflikt und im Widerspruch mit dir selbst stehst. Die Situation wird dir präsentiert, damit du sie berichtigen kannst. Wenn du in einer Situation die Ausrichtung völlig verloren hast, kannst du deinen Geist mit dem GEIST GOTTES verbinden und euren verbundenen GEIST ins Herz der Situation hineintragen, bis Frieden einkehrt und du wieder Vertrauen fassen kannst.

Einstimmung, Sühne und Ausrichtung können die Macht der UNIVERSELLEN INSPIRATION in jedes Problem hineintragen. Sie können auch mehr Fülle in dein Leben bringen, wenn du dich mit ihnen vereinst. Wenn du dich jeden Tag ein wenig darin übst, wird es dir zur selbstverständlichen Gewohnheit, sie auf jede Situation in deiner Umgebung anzuwenden. Du kannst deine Gaben und deine Liebe einbringen und um die Gaben und die LIEBE des HIMMELS bitten. Das hilft der ganzen Welt. Und dies ist Teil deiner Bestimmung: sowohl durch dein *Sein* auf die kollektive Sphäre einzuwirken als auch dadurch, dass du dein SELBST mit allen Menschen in deinem Umfeld teilst. Einstimmung, Sühne und Ausrichtung sind natürliche Gaben hochsensibler Menschen, die du verfeinern und nutzen kannst, um dein eigenes Leben und das Leben anderer Menschen mit Glück zu erfüllen.

40

Unverwundbarkeit

Unverwundbarkeit ist unser natürlicher Zustand als reiner Geist, in dem GOTT uns geschaffen hat. Weil wir ein Ego als Prinzip der Trennung erschaffen haben, haben wir auch einen Körper erschaffen, um zu beweisen, dass wir tatsächlich getrennt waren. Das hat dazu geführt, dass wir verwundbar wurden, weil wir glaubten, ein Körper zu sein. Nur ein Körper kann angreifen und wir haben alle erdenklichen Verletzungen benutzt, um zu beweisen, dass wir verletzt waren. Das zeigte zumindest uns, dass andere Menschen und auf der höchsten Ebene auch GOTT uns ein Unrecht zugefügt und uns verletzt haben. Bei Licht betrachtet ist das natürlich eine Projektion. Wir benutzen unsere Verletzungen, um uns zu trennen. Wir benutzen sie als Ausrede. Wir benutzen sie, um zu beweisen, dass wir wie alle anderen sind, während wir gleichzeitig Trennung und Konkurrenz aufrechterhalten. Das Ego will uns weismachen, dass wir nur dann in Sicherheit sind, wenn wir einen anderen Menschen angreifen, bevor er uns angreift. Das führt natürlich zu Konflikten und dazu, dass wir alles andere als in Sicherheit sind. Wenn wir urteilen und angreifen, erzeugen wir Angst, durch die das Ego gedeiht.

GOTT, DER unverwundbar ist, hat uns wie SICH SELBST als unverwundbaren reinen Geist geschaffen. *Ein Kurs in Wundern* ermahnt uns, nicht zuzulassen, dass wir verletzt werden, weil eine Verletzung benutzt wird, um Schuld auf die Menschen in unserer Umgebung, auf GOTT und auf die Menschen zu lenken, die in der Vergangenheit eine wichtige Rolle in unserem Leben gespielt haben. Das passt zur verborgenen Dynamik des Teufelskreises aus Opfer und Rache. Eine Verletzung zeigt Rache. Sie zeigt außerdem Angst vor dem nächsten Schritt, die Weigerung, etwas zu akzeptieren, die Weigerung, eine Anhaftung loszulassen, und schließlich den Glauben, dass jemand anderer sich um die Erfüllung unserer Bedürfnisse kümmern sollte. Dies kann sowohl auf einer kollektiven als auch auf einer persönlichen Ebene ausagiert werden. Menschen, die uns scheinbar verletzen, erwecken lediglich den verschütteten Schmerz zum Leben, den wir in uns tragen. Wenn wir alles, was nicht Liebe ist, als Chance nutzen würden, um Heilung zu erlangen, dann würden schmerzhafte Ereignisse uns dienen und wir sähen sie in einem positiveren Licht. Unser Leiden ist ein Selbstangriff und ein Angriff auf andere Menschen. Beide bilden einen Teufelskreis. Uns als ebenso unschuldig zu sehen, wie der HIMMEL uns sieht, würde uns von allem Schmerz erlösen. Schmerz kommt von Widerstand. Wenn wir also alles akzeptieren, was schmerzhaft ist, löst sich aller Schmerz auf. Bei jedem Schritt können wir sehen, was uns verletzt, es akzeptieren und zum nächsten Schritt weitergehen. Wenn wir es nicht akzeptieren, bleiben wir stecken und leiden. Die Entscheidung liegt bei uns. Es ist wichtig, dass wir uns unserer Unverwundbarkeit verpflichten, aber nicht in der dissoziierten, missverstandenen Form, die das Ego uns weismachen will. Unverwundbarkeit öffnet unser Herz in Mitgefühl, während Dissoziation es verschließt und uns bestenfalls Mitleid empfinden lässt, bei dem es sich um eine Falle handelt.

Weil hochsensible Menschen in so hohem Maße empfindsam sind, ist es wichtig, dass sie lernen, unverwundbar zu sein. Es ist nicht der Plan des HIMMELS, dass wir in irgendeiner Weise leiden. Wenn wir dem Ego folgen, verschließen wir uns, ziehen uns zurück und verstärken den Glauben, dass andere Menschen uns Unrecht getan haben. Wir wollen beweisen, dass wir unseren Schmerz nicht benutzt haben, um unserem Groll und unseren dunklen Selbstkonzepten eine Daseinsberechtigung zu geben, obwohl das Unterbewusstsein zeigt, dass alles mit unserem heimlichen Einverständnis geschehen ist. Solche Versuche haben zur Folge, dass wir nach noch mehr äußeren Dingen streben, die uns glücklich machen sollen, weil Trennung sowohl Bedürfnisse als auch Götzen erzeugt. Dies ist unser Autoritätskonflikt mit dem HIMMEL. Die Tatsache, dass unser Leiden eine Anklage gegen GOTT und den HIMMEL ist, haben wir ebenso tief verborgen wie den Glauben, dass wir aufgrund unserer Beweise nicht nur unabhängiger von anderen Menschen sein, sondern auch GOTTES Platz als HÖCHSTE AUTORITÄT einnehmen sollten. Wenn wir GOTT dagegen GOTT sein lassen, können wir SEIN geliebtes Kind sein, dem ER das Universum schenken will.

Worte der Kraft können sowohl die vielen Schichten der Illusion als auch die Glaubenssätze und die Selbstkonzepte durchschneiden, die sie nähren. Sie können uns zu unserer wahren Wesensnatur als reiner Geist zurückführen. Wir können sie mit großer Entschlossenheit sprechen und um die Hilfe des HIMMELS bitten, um ihnen Kraft zu verleihen. Bei den ersten sechs Wiederholungen spürst du unter Umständen noch keine Auswirkung auf den Schmerz, den du fühlst. Er kann sich zunächst sogar verschlimmern, wenn du eine Kammer unbewusster Emotionen zum Leben erweckst.

Wenn du einfach fortfährst, gelangst du jedoch rasch darüber hinaus. Du kannst die Worte der Kraft nicht nur in den Schmerz hinein sprechen, sondern in alles, was nicht Freude ist, bis du schließlich zum Licht, zur Liebe und zur Freude deiner wahren Wesensnatur als reiner Geist gelangst. Die nachfolgenden Zitate aus *Ein Kurs in Wundern* gehören zu meinen liebsten Worten der Kraft und können die Illusionen einer Zwiebelschale gleich Schicht um Schicht ablösen. Nimm nach jeder Wiederholung einfach wahr, wie sich die Situation für dich anfühlt und darstellt. Auf diese Weise gelangst du zur Unverwundbarkeit deiner wahren Wesensnatur als reiner Geist zurück, in der du erkennst, dass es keinen Tod gibt und dass du nicht auf die Welt der Form und der Materie begrenzt bist.

Ich könnte stattdessen Frieden sehen. (Ü-I.34)

Ich habe ein Anrecht auf Wunder. (Ü-I.77)

Ich bin kein Körper. Ich bin frei.
Denn ich bin nach wie vor, wie GOTT mich schuf.
(Ü-I.6. Wiederholung, Einleitung.3:3-5)

Das Licht ist gekommen. (Ü-I.75)

Nachwort

Als hochsensibler Mensch bist du vielleicht sehr leistungsfähig, musst aber auch darauf achten, dass du für dich selbst sorgst, damit du sowohl effektiv als auch glücklich bist. Du kannst nicht erwarten, dass andere Menschen sich um dich und um deine hochsensiblen Bedürfnisse kümmern, weil die Abhängigkeit von anderen Menschen zu Enttäuschung führen kann. Es mag nicht einmal so sein, dass sie sich absichtlich nicht um dich kümmern, sondern vielmehr so, dass das, was sie dir geben, nicht das ist, was du brauchst. Das Ego und seine Bedürfnisse sind fordernd, fragmentiert und wankelmütig. Oft will das Ego widersprüchliche Dinge. Es ist unerlässlich, dass du dich deiner Heilung und deinem Wohlergehen verpflichtest und dass du selbst die Verantwortung für das übernimmst, was du brauchst. Ebenso unerlässlich ist es, dass du Akzeptanz und Vergebung lernst. Es ist wichtig, dass du lernst, loszulassen und Ziele zu setzen, zu vertrauen und die Polaritäten und Gegensätze in deiner Umgebung zu integrieren. Außerdem ist es wichtig, dich der Wahrheit und deiner eigenen Freiheit sowie der Freiheit der Menschen in deiner Umgebung zu verpflichten. Dich ganz hinzugeben und ein guter Partner und Freund zu sein, ist ein wichtiger Baustein in deinem Lern- und Entwicklungsprozess. Hilfsbereitschaft gegenüber anderen Menschen und die Erfüllung deiner Lebensaufgabe sind wichtig, um Erfüllung in diesem Leben zu finden. Es ist wichtig, dass du dich selbst einbeziehst, deinen Wert kennst, dir selbst gibst und dich für Vertrauen anstelle von Angst entscheidest. Wie gut bist du in diesen Dingen? Gehe mit GÖTTLICHER Gnade und Führung.

Wenn du einen Fehler bemerkst, übernimm die Verantwortung dafür, aber gib das Ego und seine Schuld auf, die dich daran hindern, das zu lernen, was zum Erfolg führt. Sei hilfsbereit, statt zu urteilen. Du bist hier, um glücklich zu sein. Nur Liebe und Vergebung können das bewirken. Du bist hier, um an deiner eigenen Heilung zu arbeiten, bis du schließlich zur Ganzheit gelangst. Du bist hier, um etwas zu geben, das nur du geben kannst. Du bist hier, um der Welt zu helfen. Frieden birgt alles in sich, wonach du suchst, und du trägst ihn in dir. Wenn du dich daran erinnerst, WER mit dir geht, kannst du niemals Angst haben. Freue dich daran, wer du bist. Wisse, dass das Ego dich mit jedem Selbstangriff blind macht für einen anderen Menschen, der deine Hilfe noch mehr braucht. Lasse dich nicht blenden. Sei hilfsbereit und reich an Freunden. Liebe, als sei es deine letzte Möglichkeit, und denke daran, dass du mehr geliebt wirst, als du es auf dieser irdischen Ebene jemals erfahren wirst. Lebe mit dieser Zuversicht und freue dich daran.

Wenn die Erde verwüstet ist
und die Tiere sterben,
wird ein neuer Stamm von Menschen
verschiedenster Farben,
Klassen und Glaubensbekenntnisse
auf die Erde kommen,
die durch ihr Handeln und ihre Taten
die Erde wieder grün werden lassen.
Sie werden bekannt sein als
die Krieger des Regenbogens.

- Prophezeiung der Hopi

Danksagung

Ich danke den Menschen, die zur Entstehung dieses Buches beigetragen haben. Dazu gehören Sunny, meine Schreibkraft, Pua, die das Haus in Ordnung hält, und Cilla, die sich um das Büro kümmert. Ich danke euch für eure wunderbare Unterstützung, die es mir ermöglicht, mich auf das Schreiben und Überarbeiten meiner Bücher zu konzentrieren. Ich danke auch meiner Frau Lency und meinen Kinder Chris und J'aime für ihre Liebe und ihre Unterstützung. Und wie immer möchte ich *Ein Kurs in Wundern* für die zentrale Rolle würdigen, die er in den letzten vierundvierzig Jahren in meinem Leben und Lernen gespielt hat. Nichts war so wegweisend oder hilfreich für mein Leben wie dieses Werk.

Weitere Titel aus dem Verlag Via Nova:

Hochsensibilität als Gabe und Chance begreifen
Chuck Spezzano

2. Auflage

Taschenbuch, 160 Seiten, ISBN 978-3-86616-479-6

Außergewöhnliche Empathie- und Empfindungsfähigkeit, tiefsinnige Wahrnehmung und Feinfühligkeit sind die kostbarsten Gaben hochsensibler Menschen. So sehr es dieser Qualitäten bedarf, um den Wandel der gegenwärtigen Zeit voranzubringen, so herausfordernd kann zugleich der Umgang damit sein. Aus diesem Grund widmet sich Chuck Spezzano in diesem Buch mit all seiner Weisheit und seinem Erfahrungsschatz aus über fünfundvierzig Jahren spirituell therapeutischer Arbeit dem Phänomen der Hochsensibilität. Er legt nicht nur dar, welch große Bedeutung hochsensible Menschen in unserer Zeit haben, sondern lässt sein gesamtes Wissen einfließen, um sie dabei zu unterstützen, ihr gesamtes Potenzial zu entfalten - zum Wohle aller! Ungeahnte Möglichkeiten tun sich auf - nicht nur für alle Hochsensiblen!

Die spirituelle Dimension der Hochsensibilität
Chuck Spezzano

Taschenbuch, 160 Seiten, ISBN 978-3-86616-506-9

Die Zahl hochsensibler Menschen nimmt in der heutigen Zeit immer mehr zu und gerade ihre außergewöhnlich empfindsame und empathische Natur stellt sie im Leben oft vor besonders große Herausforderungen. Dabei bedarf es gerade dieser Qualitäten, um den Wandel zu bewirken, den die Welt so dringend braucht. Der international bekannte Lebenslehrer und Visionär Chuck Spezzano bringt Erfahrungswissen und Weisheit aus über fünfundvierzig Jahren in sein zweites Buch zu diesem Thema ein. Er gibt wertvolle Hinweise, wie hochsensible Menschen ihr Leben meistern, in ihrer eigenen Entwicklung vorangelangen und mit ihren besonderen Gaben und Begabungen zugleich einen immens wichtigen Beitrag zur Entwicklung der Menschheit und der Welt leisten können. Ein unerlässlicher Ratgeber – auch für die Eltern und Partner hochsensibler Menschen!

WHY SHIT HAPPENS
Warum guten Menschen schlimme Dinge zustoßen
Chuck Spezzano

2. überarbeitete Neuauflage

Taschenbuch, 320 Seiten, ISBN 978-3-86616-513-7
E-Book 978-3-86616-493-2

Ganz gleich, was uns im Leben begegnet, welche Hürden sich in unserem persönlichen Entwicklungsprozess, in unseren Beziehungen oder unserem Beruf zeigen – es gibt nur einen Weg, der wirklich heilt, und er heißt: vollständige Selbstverantwortung. Welche Prinzipien und Dynamiken im menschlichen Bewusstsein dabei wirken und wie wir lernen, die Rolle der Selbstverantwortung in ihrer ganzen Dimension zu verstehen und unmittelbar anzuwenden, das erfahren wir in diesem Buch in einzigartiger Klarheit. „Nach 45 Jahren therapeutischer und beratender Tätigkeit fühlte ich mich jetzt erst bereit, dieses Buch zu schreiben", sagt der international bekannte Weisheitslehrer Chuck Spezzano und gibt uns damit einen Begriff von der fundamentalen Bedeutung des Themas für Bewusstwerdung und Transformation.

50 Wege, loszulassen und glücklich zu sein
Chuck Spezzano

10. Auflage

Taschenbuch, 224 Seiten, ISBN 978-3-86616-432-1

„Loslassen" ist das große Zauberwort einer ganzen Generation spirituell Suchender. Doch wie gelingt es, Belastendes, Bedrückendes und Unbewusstes letztgültig und vollkommen loszulassen? In diesem Buch hat der bekannte Weisheitslehrer Chuck Spezzano sich mit großer Intensität genau diesem Thema gewidmet und 50 universelle Prinzipien zusammengefasst, die er auf seinem eigenen Pfad entdeckt und in seiner langjährigen praktischen Beratungsarbeit weltweit erfolgreich eingesetzt hat. Es ist die Quintessenz eines außergewöhnlichen spirituellen Weges, der zum Ziel führte: inspirierende Kontemplationen mit konkreten Fragestellungen, Anregungen und Übungen, mit denen das „Loslassen" keine Idee mehr bleibt, sondern zu einem ganz konkreten, bewussten und realen Akt der Transformation werden kann.

Worte der Kraft
aus *Ein Kurs in Wundern*
mit Interpretationen
von Chuck Spezzano

2. Auflage

Klappenbroschur, 400 Seiten, ISBN 978-3-86616-487-1

Nicht viele universelle Weisheitsbücher haben eine solch große transformatorische Kraft und Dimension wie das Buch *Ein Kurs in Wundern*. Auch der international bekannte Weisheitslehrer Chuck Spezzano schöpft seit Jahrzehnten aus der göttlichen Inspiration dieses Meisterwerks. Er hat daraus für jeden Tag des Jahres eine Botschaft in einem Satz ausgewählt, ihn in einem kurzen Ausschnitt in den Zusammenhang des Buchtextes gestellt und diese außergewöhnlichen „Worte der Kraft" durch seinen eigenen Kommentar ergänzt. Es sind tief berührende Erläuterungen, Anregungen, Anstöße und Interpretationen. Dieses Buch enthält Worte, die unser tiefstes inneres Sein nähren und erhellen können.

Karten der Sexualität
Liebe und Zärtlichkeit
Illustrationen von Petra Kühne
Chuck Spezzano

100 farbige Karten mit Begleitbuch (Paperback), 304 Seiten, ISBN 978-3-86616-375-1

Sexualität ist eine der wohl kraftvollsten menschlichen Energien überhaupt. So vielfältig und individuell die Erfahrungsräume dabei sein mögen, in der Essenz zeigt sich doch immer die Sehnsucht nach Liebe und nach dem Einssein mit dem Göttlichen. Das Kartenset von Chuck Spezzano mit ausführlichem Begleitbuch konfrontiert uns in unverstellter Ehrlichkeit und zugleich lebendiger Weisheit mit den facettenreichen Aspekten und Seiten des Themas. Der Autor lässt uns innehalten, nachspüren und vergegenwärtigen. Er ermuntert uns, Hindernisse für die Liebe zu überwinden, egoistisches Verhalten zu durchschauen und ungesunde Muster aufzulösen, und führt uns so zu mehr Nähe, Verbindung und Zärtlichkeit. Die exzellenten und künstlerisch hochwertigen Illustrationen von Petra Kühne unterstreichen die tiefgründigen Erkenntnisse des international bekannten Lebenslehrers.